青春文庫

# 「和」を楽しむ美しい作法

読むだけで身につく絵解き版

知的生活研究所



青春出版社

# はじめに

この本が、
和の暮らしを楽しみ、
美しい所作を身につけ、
日本の良さを再発見する
きっかけになれば嬉しいです。

「新たな生活様式」なる言葉が生まれ、家にいる時間が増えました。同時に、日本人なら誰しもが持つ〝和〟の心、〝和〟の暮らしのすばらしさが再認識されたようです。

〝和〟の暮らしは日本で暮らす方ならば、すぐにでもできることばかり。玄関に打ち水し、窓から清風が訪れる特等席を見つけたら、そこに座布団を敷いて「わが家のお茶席」を仕立てて、

座布団の脇には、懐紙に載せたコンビニの和菓子と、いれたての日本茶を載せたお盆……懐紙がなければ、ペーパーナプキンで代用しても素敵です。

　お出かけのときには、訪問先への心尽くしの品をお気に入りの風呂敷で包んで。汗ばむ陽気ならば、小さな扇子をバッグに忍ばせておけば、相手の方にも涼しい風を送ってあげられそうですね。ちょっとしたことで〝和〟は楽しめるのです。

日本には豊かな四季があり、たくさんの色にあふれています。春といえばほんのり桜色、夏の青空は爽やかな露《つゆ》草《くさ》色、秋は錦秋《きんしゅう》の紅葉色、冬は静謐《せいひつ》な銀鼠《ぎんねず》……。和の色は、繊細な感性で言い得て妙な名づけがされています。

たとえば「水浅葱《みずあさぎ》」。藍染めの染料を節約して染めた浅葱色を、さらに水で薄めた薄い青です。その水浅葱より淡い色が「瓶覗《かめのぞき》」で、藍染の一番薄い

色のこと。白い布がほんの少しだけ青に染まっただけでも、すでに純白とはいえないことから別名「白殺《しろころ》し」。

日本人の民族衣装である「着物」にも、多彩な季節と色があらわれています。ひな祭りの頃の人形柄、蒸し暑い夏にはあえて雪の結晶「雪輪」を。世界じゅうの人を魅了してやまない「ＫＩＭＯＮＯ」にまつわる逸話は、汲めども尽きません。

〝和〟の美しさは、見た目だけには限りません。

家族みんなで食卓を囲み、手を合わせて「いただきます」。英語では表現できないのだとか。肉や魚、野菜などの生命をいただくことへの感謝。手をかけ思いを込め、食事を整えてくれた方への感謝。「いただきます」は、思いやりを尊ぶ和の心を示すものです。一日に何度も交し合う、「おじぎ」の文化も同様です。

こうした〝和〟の心を表す所作が「和

の作法」。たとえば「不祝儀では袱紗《ふくさ》を左手で開く」「足を崩すときは出口方面に」など、一見うるさいようですが、一つひとつ「弔事という常ならぬ気持ちを表す」「上座に足を向けないようにして敬意を示す」などと理由があります。

　和の作法を知り、古人が培ってきた思いをひもといてみませんか？　海外のお客様や子どもにも教えてあげれば、あなたを見る目が変わるかもしれませんよ。

# 「和」を楽しむ美しい作法 目次

## 第三章　喫食《きっしょく》の行儀　WASHOKU

編集協力　河村ゆかり
本文イラスト　ぬまいりえ　戸塚恵子
本文デザイン&ＤＴＰ　ハッシィ

# 第一章

# 着物のたしなみ

季節を映し、趣向を凝らした着物。
自分で選び、着られるようになれば、
和の暮らしはさらに彩りを増すでしょう。

KIMONO

# 自分で着物を着る

自分で着られると、着物はぐっと身近になります！

## どちらを前にするか、間違えないで

着物、着てみませんか？　着物を着るときもっとも大切なことは、「左の身ごろを上にして着ること」これを「右前」と言います。逆に右側を上にして着るのは「左前」で死装束の着付けになります。また着付けで大切なのが「おくみ線」と呼ばれる前身《まえみ》ごろの線。おはしょりと上前《うわまえ》で一本の線になるように着付けます（P.23参照）。背中の縫い目は中央に。最近ではインターネット上の動画でもいろいろ紹介されているので、是非挑戦してみてください。

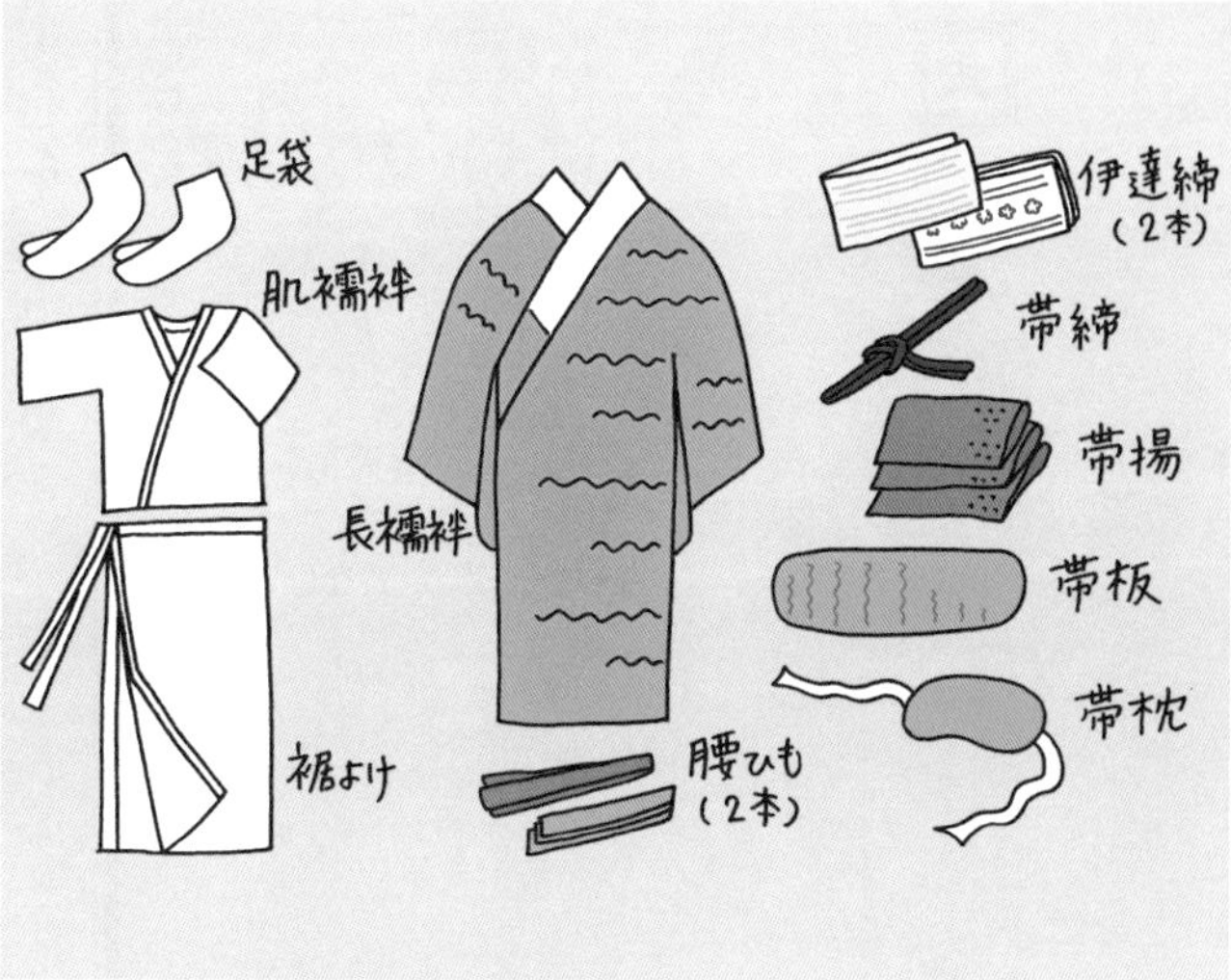


**着物を着る前に用意するもの**

肌じゅばんと裾よけは肌着。セパレートタイプやスリップタイプなどいろいろあります。和装ブラを使うなら、肌じゅばんの前に。長じゅばんには衿芯を入れておきます。帯枕は、お太鼓結びの丸みをつけるためのものです。

# 足袋と下着をつける

長じゅばんをキレイに着て着崩れ防止

壱

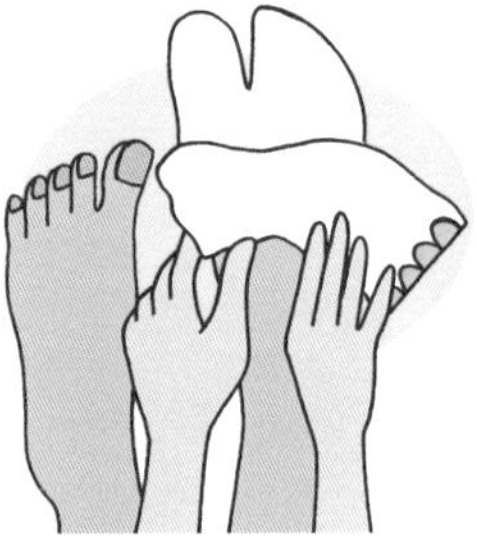

### 下着を着る前に足袋をはく

最初に足袋をはきます。足袋は最初にハコゼをはずし、半分折りかえして足を入れてはくと簡単です。その後、肌じゅばんとすそよけを、右前（左身ごろを上）に着ます。

弐

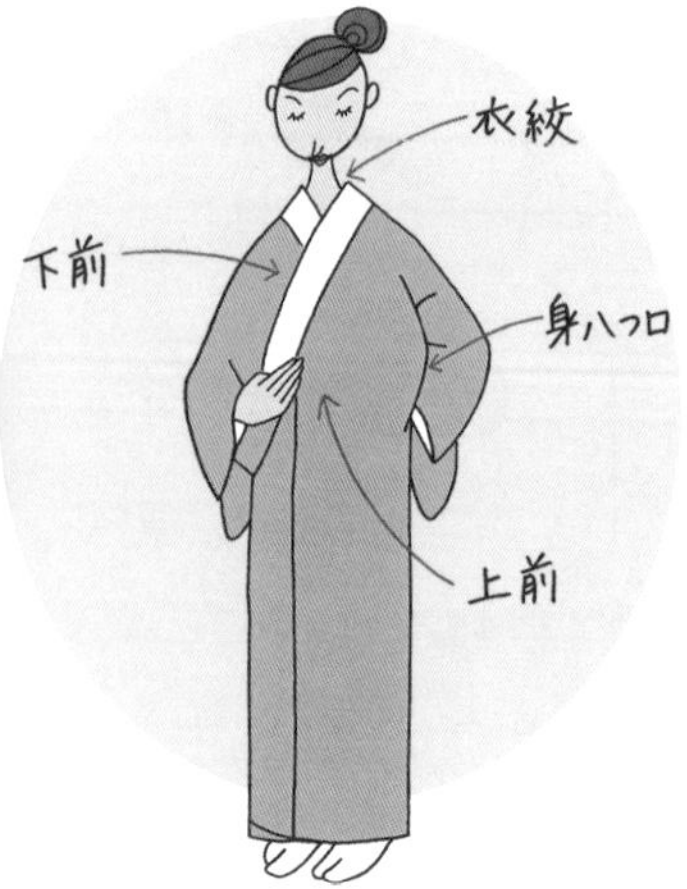


### 長じゅばんの前を合わせる

長じゅばんを後ろ手で引っ張って、首の後ろ衣紋《えもん》をこぶしひとつ分くらい開け、前を合わせます。上前を押さえ、身八《みや》つ口から手を入れて下前を調整して。

参

### 長じゅばんの上から伊達締めをしめる

長じゅばんの襟をおさえながら、伊達締めの中央を正面に合わせるようにしてのせます。背中で交差し、また前に伊達締めを回します。※腰ひもを胸の下あたりに締めてから、伊達締めをすると襟がキレイに整います（この場合、腰ひもは着物用にあと２本必要）。

四

### 上前のすそなど全体をチェックする

伊達締めを前で交差させ、左右を入れ替えて端をはさみます。できあがったら､全体をチェック。上前のすそが少し上がっているように着付けるのがポイント。

# 着物を合わせる

着物の縫い目を意識してみよう！

壱

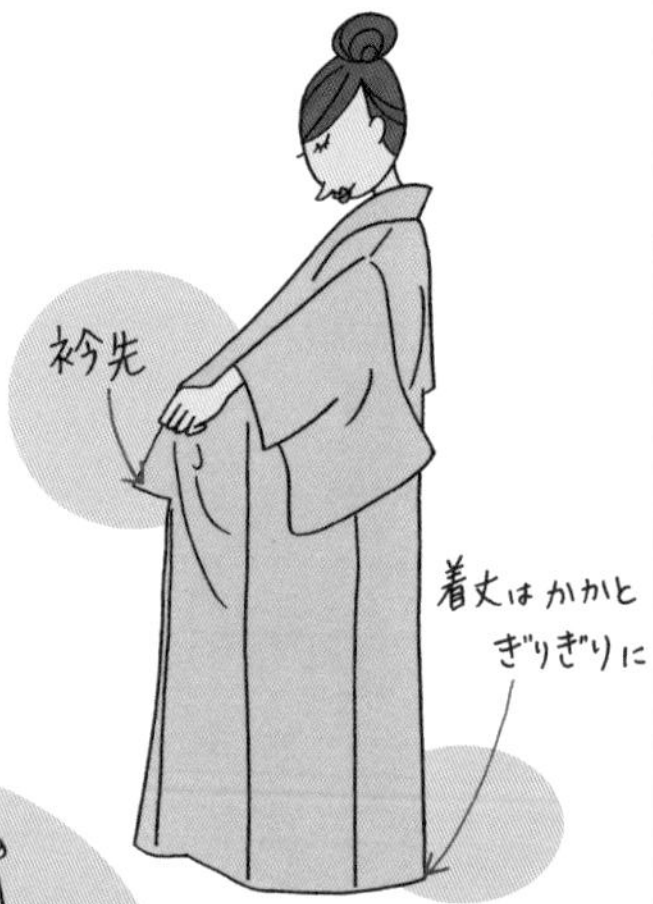


## 着物の着丈を調整する

背中の中心に縫い目を合わせるように着物をはおり、衿先より20センチ程度上を持って、着物を持ち上げます、徐々に下げていきながら、着丈をかかとぎりぎりに調整。

弐

## 着物の前を合わせる

上前の端が左脇真横にくるように左手で位置を決めたら、動かないように軽くすそを踏みます。その左手を真横に開き、今度は下前を調整。位置が決まった下前の上に、上前を重ねます。

## 参

### ずれないように注意して腰ひもをしめる

合わせたところに腰ひもの中央をあて、後ろで交差させて前で結びます。このとき、脇に結び目を持ってくると、帯を結んだときゴロゴロしません。

## 四

おくみ線がズレている

### おくみ線に注意しておはしょりをおろす

身八つ口から手を入れておはしょりをおろします。このとき、着物の前はおくみ線が一本の線になるように調整します。背中の縫い目は真ん中に。

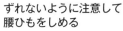

# 上ひもと伊達締めをしめる

おくみ線をチェック！

壱

## おはしょりの上から上ひもをしめる

おはしょりの調整のあと、襟元も整えたら、上ひもをしめます。このときもひもの中央を前にあて、後ろで交差し、前の脇あたりで結びます。

弐

## しわを伸ばし形を整える

背中、脇などのシワを伸ばします。下のおはしょりのたるみは、前のおはしょりの下に送り込みます。おくみ線をチェックして、おはしょりを整えます。

参

### 上ひもの上に伊達締めをしめる

伊達締めを前中央にのせ、後ろで交差、前にまわしたらまた交差させます。結び目が前にあるとゴロゴロするので、交差させて余った部分ははさみこみます。

### 襟周りのおしゃれ

伊達襟、半襟は、帯締や帯揚《おびあげ》と色や雰囲気を合わせると、全体に統一感が。ビーズを刺繍したもの、着物のハギレなども活用できます。

# 帯をお太鼓に結ぶ

## まずは基本のお太鼓をマスター

壱

### 帯を巻く

帯の端を肩にかつぐようにし、「手」を前の帯にかかるくらいに決めます。決まったら帯をまわし、一巻したら前の帯と着物の間に帯板を入れます。

弐

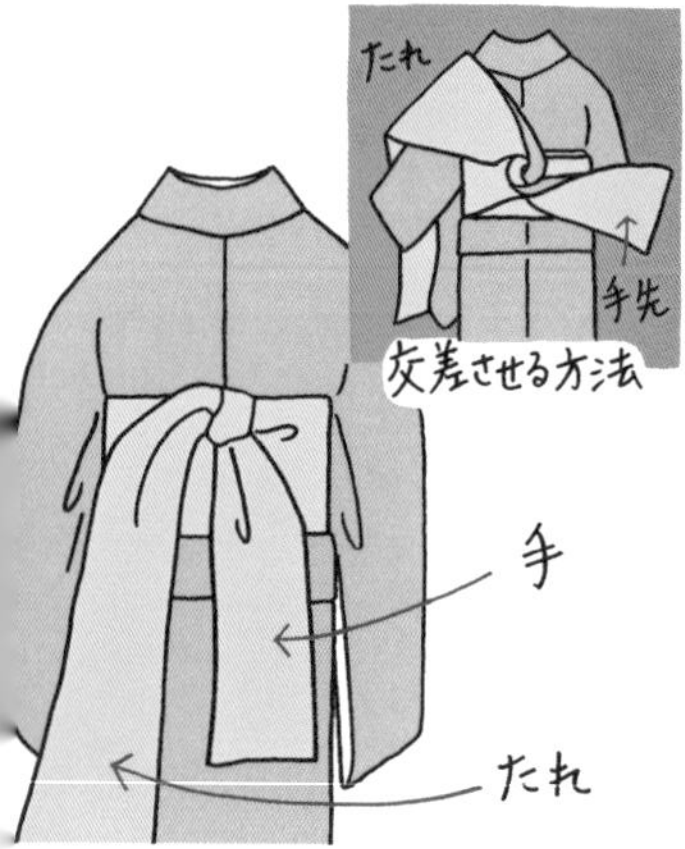


### 背中で帯を結ぶ

「手」が下になるように、後ろで帯を結びます。このとき、180度ねじって交差させる方法もあります。結びにくいときは、お試しを。

## 参

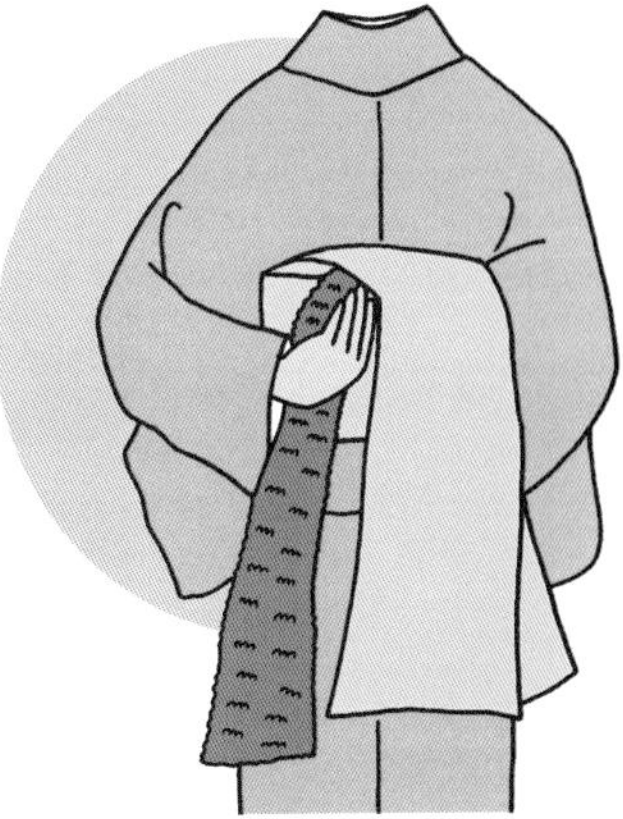

### 帯枕をあてる

帯揚の中央に、帯枕をくるむようにして用意。その枕の部分をたれの下に当てて、結び目の上に乗せます。位置を決めたら、帯揚を前に持ってきて、しっかり結びます。

## 四

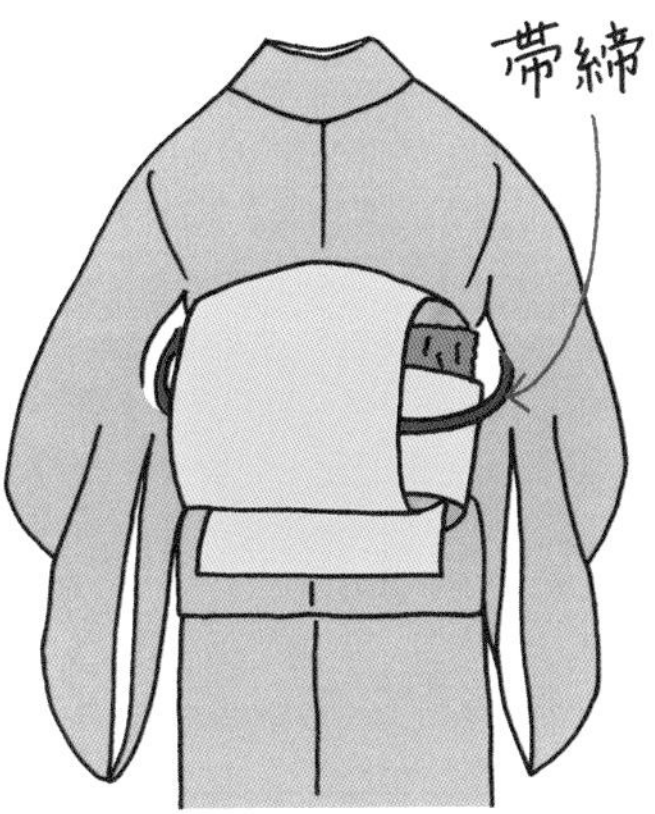


### お太鼓を仕上げる

たれを折って、お太鼓の形を作ります。手先はお太鼓の中に入れ、その部分に帯締を通します。帯締を前で結んで、背中や前の着物のシワをのばしたら完成！

コラム

# 美しい名をもつ日本の色たち

## 赤

| 色名 | かな | 色 | 由来 |
|---|---|---|---|
| 蘇芳色 | すおういろ | | 「蘇芳」は、熱帯産の植物の実から作る染料。 |
| 退紅 | たいこう | | 情熱の「紅」がさめて、優しく女性らしい色になった状態。 |
| 一斤染 | いっこんぞめ | | 布一疋《ぴき》を紅花一斤で染めることから。 |
| 鴇色 | ときいろ | | 国の特別天然記念物、トキの風切羽の色を表現。 |
| 東雲色 | しののめいろ | | 夜が明けるときの、うす紅の空を示す色。 |

## 橙（だいだい）・茶

| | | | |
|---|---|---|---|
| 丹色 | にいろ | | 赤土の顔料などの色のこと。 |
| 赤朽葉 | あかくちば | | 晩秋の枯葉を彷彿とさせるイメージ。 |
| 煤竹色 | すすだけいろ | | 竹が枯れてしまい、すすけた色となった姿から。 |
| 媚茶 | こびちゃ | | 人に媚びるような、いろっぽい色という意味。 |
| 芝翫茶 | しかんちゃ | | 団十郎茶、梅幸（ばいこう）茶など、役者の名を取った茶は多い。 |

## 黄

| | | | |
|---|---|---|---|
| 鬱金色 | うこんいろ | | 「ウコン」は、カレーの黄色い着色で有名なスパイス。 |
| 刈安色 | かりやすいろ | | イネ科の植物で「刈るのが容易」だったことから「刈安」、その植物名から。 |
| 雌黄 | しおう | | もう少し赤みがかった黄に、「雄黄（ゆうおう）」がある。 |
| 鳥の子色 | とりのこいろ | | 卵＝鳥の子。卵殻の色をさす。 |
| 空五倍子色 | うつふしいろ | | 読みにくい色名の雄。 |

## 緑

| | | | |
|---|---|---|---|
| 萌葱 | もえぎ | | 葱（ネギ）の新芽色という意味。 |
| 海松色 | みるいろ | | 海松とは、藻の一種のこと。古くから食用として親しまれた。 |
| 常磐色 | ときわいろ | | 松などの常緑樹の色をたたえて。 |
| 木賊色 | とくさいろ | | 木賊は、植物の名前。中世の物語にもよく登場する色。 |
| 青磁色 | せいじいろ | | 植物由来の名の多い緑色の中で、珍しく物からとられた色名。 |

## 青

| | | | |
|---|---|---|---|
| 新橋色 | しんばしいろ | | 粋な新橋芸者が好んだ色。 |
| 水浅葱 | みずあさぎ | | 藍の染料を節約して染色した浅葱色を、さらに水増しして薄めた色。 |
| 瓶覗 | かめのぞき | | 白い布が、藍を染める瓶を少し覗いただけの薄い藍色。 |
| 納戸色 | なんどいろ | | 古い日本家屋の納戸が暗いことから、など諸説あり。 |
| 瑠璃色 | るりいろ | | 青の中の青、最上の青という賛美を意味した色名。 |

## 白・灰色・黒

| | | | |
|---|---|---|---|
| 利休鼠 | りきゅうねずみ | | 日本茶道の完成者「千利休」好みの鼠色という意味。 |
| 錆鼠 | さびねず | | この色より１段薄い色を「鉄鼠（てつねず）」という。 |
| 鳩羽色 | はとばいろ | | 庶民の色として親しまれた、土鳩（どばと）の羽色。 |
| 橡色 | つるばみいろ | | 橡は、クヌギの古名。どんぐりで染められた色のこと。 |
| 漆黒 | しっこく | | もっとも黒い色。真の闇夜のイメージ。 |

# 着崩れを直す

着崩れはこまめに直せば、いつも凛《りん》といられます

## 着崩れ防止には、所作に気を付けること！

着崩れの原因には、大きな動きがあります。大きな歩幅で歩く、伸び上がる、バタバタ動くなど、着物初心者は、どうしても着物がゆるんでしまう動作をしてしまいがちなのです。

そして着付けるときには、前に着崩れたところを思い出し、着付けを工夫してみましょう。きちんと下着や肌じゅばんを付けることも大切。滑りにくい木綿など、肌にフィットする素材のものだと比較的着崩れしにくいといわれます。

### おはしょりが変！

おはしょりをすべて下に引き下げ、その状態で整えます。余分な部分は、内側に折り上げるように整えて、帯の中に入れてしまいましょう。

### 襟元が開いてしまった！

上前がゆるんだら、右脇の帯下のおはしょりを引っ張って直します。下前のゆるみは、左の身八つ口から手を入れ、襟を引きます。帯揚も整えて。

**帯がゆるんできた！**

ハンカチやミニタオルなどたたんで利用。それを帯と着物の間に差し入れて、ゆるみを調整しましょう。はさんだものが落ちないように、常に意識して。

**上前の裾が下がってきた！**

上前の裾は少し上がり気味にして、裾を踏むのを回避。右脇のおはしょりを腰ひもの中に引き上げて、裾が少し上がるくらいに調整。おはしょりも整えます。

# 着物の格とふさわしい場

礼装、おしゃれ着…知っておきたい「失礼のない着物選び」術

## 場にふさわしい着物の「格」を覚えよう

着物には「格」と呼ばれるフォーマルの度合があります。冠婚葬祭や儀式の席にふさわしい「礼装」「略礼装（準礼装）」と、気軽な外出やふだん着に用いる「おしゃれ着」の違いです。

着物の値段の安い・高いは、この「格」とは関係ありません（36ページの図を参照）。同じ着物でも紋の数や帯で「格」が変化するので、シーンに合った着こなしをしたいものですね。

# 主な着物の種類

## 「おしゃれ着」と「礼装」は区別が必要です

**未婚女性の**
**第一礼装【振袖】**

結婚式の披露宴、お見合い、成人式、謝恩会など、未婚の女性が改まった席に行く場合に最適。季節の柄を上手に選んで着こなしを。

**既婚・未婚に関係なしの**
**準礼装【訪問着】**

着物を広げると、1枚の絵のようになる（絵羽《えば》）模様の着物。これに対し、袖や身ごろ、襟の模様が上向きに絵付けされたものは「付下げ」です。

### カジュアルな街着に重宝【小紋】

全体に細かい模様が入ったもの。気の張らない集まりなどに重宝しますが、紋（p.48）を入れると準礼装の格になる江戸小紋、よそゆき着物の友禅小紋もあります。

### 高級品からふだん着まで【紬《つむぎ》】

大変高価な芸術品的なものもありますが、原則として礼装にはならないとされています。大島紬、結城《ゆうき》紬、牛首紬など、全国各地にさまざまな紬が。

# 着物の種類とTPO

## 「紋」の数によっても格が変わります

| 装いの種類 | | | 着物の種類 | 既婚・未婚 | 着ていく場所、時、スタイル |
|---|---|---|---|---|---|
| 礼装 | 正礼装 | 儀式に着る正式な服装 | 振袖 | 未婚 | 結婚式参列・披露宴、お見合い、謝恩会、式典などの儀式、お正月など。晴着。 |
| | | | 黒留袖 | 既婚 | 結婚式参列・披露宴（親族もしくは仲人のとき）など。 |
| | | | 色留袖 | 問わず | 結婚式や披露宴（招待客のとき）に列席、各種お祝いなど。 |
| | | | 喪服 | 問わず | 葬儀、法事。 |
| | 準礼装・略礼装 | 卒・入学式や七五三など | 訪問着 | 問わず | 結婚式披露宴、お見合い、謝恩会、各種お祝い、お正月、パーティー、目上の方を訪問するときなど。 |
| | | | 付下げ | 問わず | 結婚式披露宴、パーティー、お食事会等に、招待客として招かれた時など。 |
| | | | 色無地 | 問わず | 結婚式披露宴、各種お祝いなど。 |
| おしゃれ着 | | 儀式や式典などに関係ない装い | 小紋 | 問わず | ふだん着もしくは外出着、食事会等、気楽な友達同士の集まり、観劇など。 |
| | | | 紬 | 問わず | |
| | | | 絣《かすり》 | 問わず | |
| | | | 浴衣 | 問わず | 夏のふだん着、花火大会等、夏のカジュアルな催しなど。 |

# 着物をたたむ

次に着るときまで、美しさを損なわないたたみ方を学びましょう

## 着物をたたむときの約束事

着物のたたみ方は、大きく分けて二種類。「本だたみ」は、女性や子供の着物の一般的なたたみ方です。もうひとつは「夜着だたみ」で、留袖などの裾模様をいためないよう、和紙を当ててたたむ方法。いずれも、必ず左の身ごろを上にたたみます。

そして、着物をたたむときには、着物の包装紙やたとう紙を広げ、その上でたためばホコリが付きにくいのでおすすめです。

## 「本だたみ」で着物をしまう

多くの着物はこの方法でＯＫ

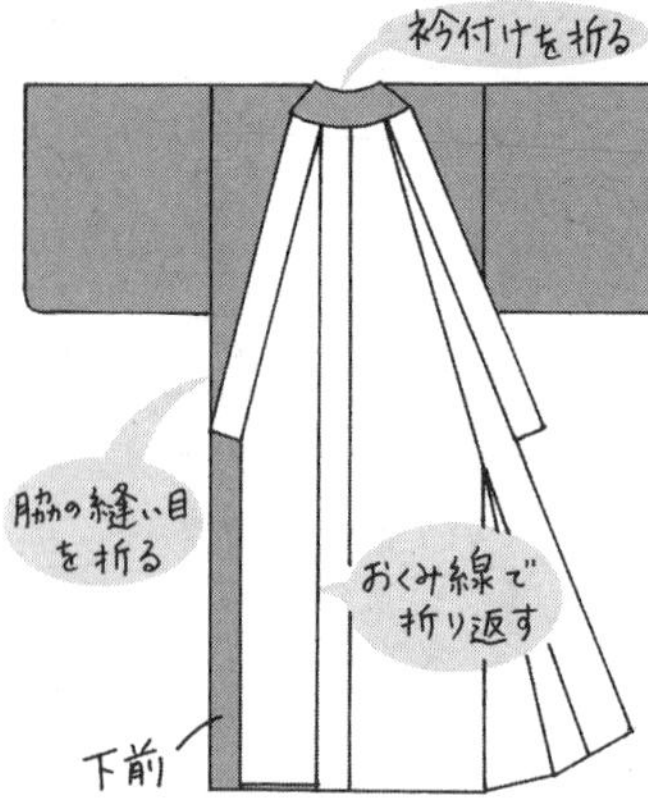


### 壱

**右の下前を**
**折りたたむ**

着物を平らに広げ、右の下前をおくみ線で折り返して折ります。おくみ線は、前身ごろの襟から胸元、裾にかけて、着物の縦を貫く縫い目です。

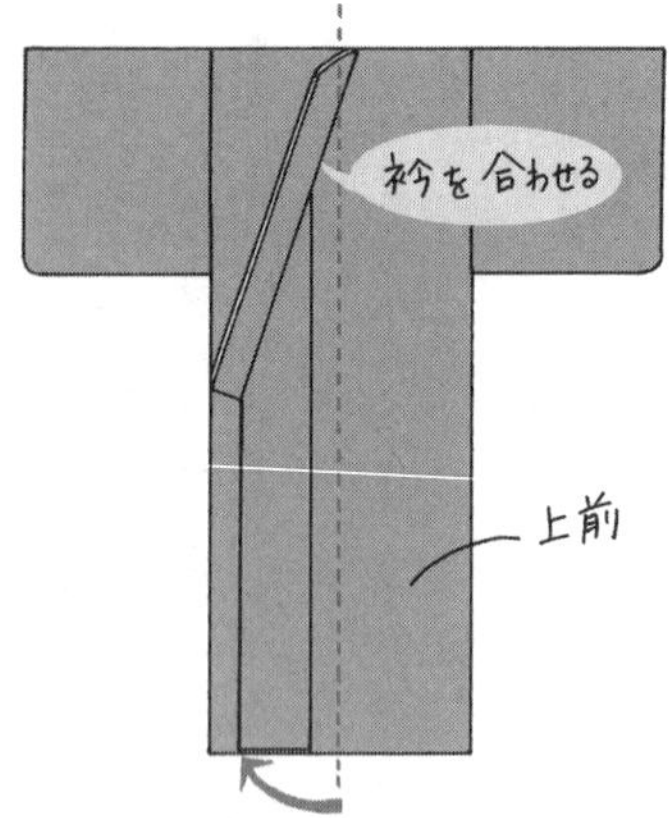


### 弐

**右前に**
**身ごろを合わせる**

左側の脇の縫い目を折って、左右の襟を合わせて、左の前身ごろを右の上に重ねます。

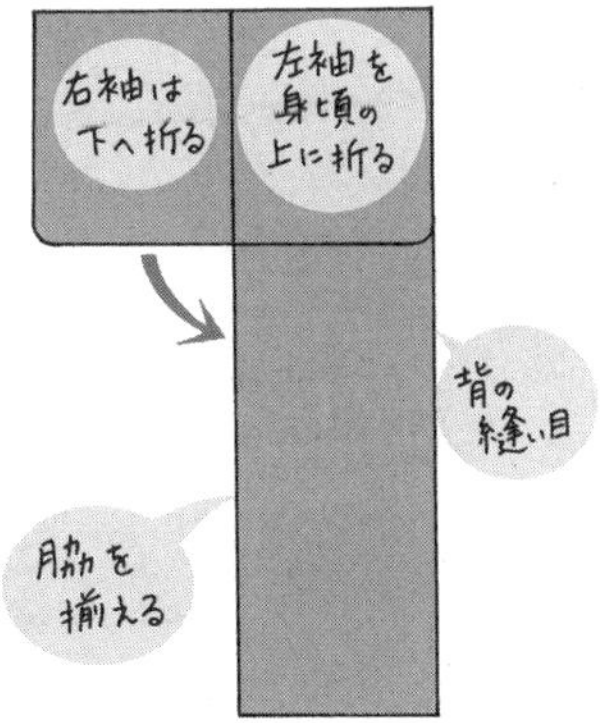


参

**身ごろを半分に折りたたむ**

両方の脇をそろえ、着物が半分になるようにたたみます。それから左袖はその上に、右袖は、下に回すようにして折りたたみます。

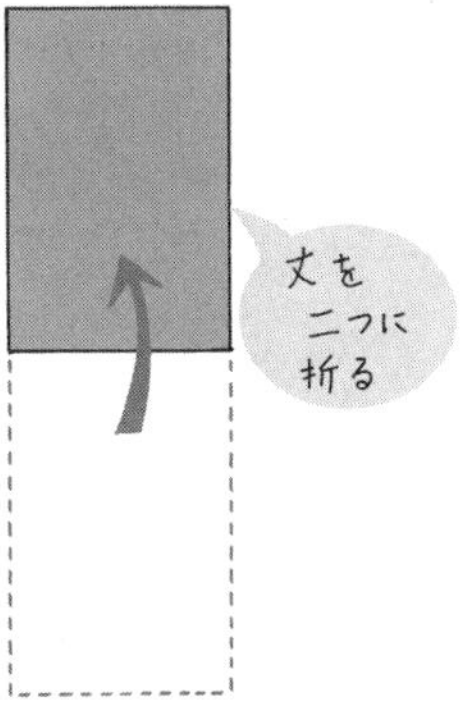


四

**さらに半分に折ったら本たたみの完成**

下の部分を上に重ねるように、さらに半分に折ります。この後、通気性のよい風呂敷などで包むと◎。

コラム

# 和装小物のお手入れ

## メンテナンスで長く愛用！

バッグや巾着《きんちゃく》も、使用後は陰干しします。巾着のひもやバッグの取っ手は、固く絞ったタオルで汚れをぬぐい、全体には、ブラシや専用クリームでお手入れします。

### 専用クリームを上手に使って

ぞうりや下駄は、湿気を取るため二～三時間、陰干ししましょう。脇や裏の土汚れは、使用済みの歯ブラシなどでこそげ取ります。

そのほかの汚れは、布製なら、やわらかい毛のブラシで、エナメルや革製のぞうりは専用のクリームを使って。木製の下駄は、足があたる部分を布で拭き清め、鼻緒《はなお》の汚れは丁寧に拭きとります。

# 和の柄・文様

TOPICS

# 季節感を大事にする「和」の心

四季のある国に生まれた喜びを装いに取り入れる、着物の醍醐味！

季節模様の選び方は、連想ゲームで

着物の柄は季節ごとに変えますが、連想ゲームで選ぶとよいでしょう。五月ならば「端午の節句」。端午の節句といえば、花ならば「菖蒲《しょうぶ》」、物ならば「兜《かぶと》」といった具合です。

秋なら実りをイメージして果実、冬ならば雪兎など。実際の季節より少しだけ早取りするのが、季節をまとう通人《つうじん》となるための第一歩です。

# 代表的な季節の文様

| 月 | 着　物 | 連想するもの | ふさわしい柄 |
|---|---|---|---|
| 1 | 袷（あわせ・裏地のついた着物） | お正月 | 松竹梅などの吉祥柄 |
| | | その年の干支 | 十二支 |
| 2 | | 冬の花 | 椿 |
| | | 早春 | 桃 |
| 3 | | ひな祭り | 人形 |
| | | 春 | 蝶 |
| 4 | | 満開の桜 | 桜 |
| | | 散る桜 | 花吹雪 |
| 5 | | 桜も終わり | 花筏 |
| | 単衣（ひとえ・裏地をつけずに仕立てた着物） | そろそろ入梅 | アジサイ |
| 6 | | 梅雨 | 傘 |
| | | 初夏の花 | アザミ |
| 7 | 薄物（絽《ろ》や紗《しゃ》など、透ける着物） | 海の季節 | 波 |
| | | 夏の花 | あさがお |
| 8 | | 涼を呼ぶ | 雪輪 |
| | | お祭りの季節 | 祭り柄 |
| 9 | 単衣 | 秋 | 秋の七草 |
| | | 月見・菊見 | 菊や月など秋の風景 |
| 10 | 袷 | 実りの秋 | ぶどう |
| | | 枯葉 | 銀杏 |
| 11 | | 紅葉 | 竜田川 |
| | | 落ち葉 | こぼれ松葉 |
| 12 | | クリスマス | クリスマス柄 |
| | | 冬の草木 | 南天 |

# 吉事を願う「吉祥文様」粋な「縞」「格子」

古より受け継がれた着物の模様は、それぞれ深い意味があります

## おめでたさをいや増す「吉祥《きっしょう》文様」

着物には独特の「吉祥文様」と呼ばれる図案があります。中国から伝わったものが多く、歴史的な伝説、信仰などがベースとなって、今に伝えられています。

たとえば、不死鳥である「鳳凰《ほうおう》」、長寿の象徴「亀」、「宝尽くし」と呼ばれるおめでたい柄などです。

誰もが知っている「松竹梅」、よき君子をあらわす「四君子《しくんし》」（梅、菊、蘭、竹）、百花の王「牡丹《ぼたん》」なども吉祥文様です。

## 洒落の効いた縞《しま》や格子《こうし》、絣《かすり》は古びない意匠

縞や格子柄、絣は、気軽にコーディネイトできるので、着物初心者にはありがたいもの。

「矢鱈《やたら》縞」「よろけ縞」「翁《おきな》格子」「弁慶《べんけい》格子」「猫足絣」など、おもしろい名前がついているものもたくさんあります。

自分が持っている着物の柄の名前を知っておくと、次の一枚を呉服屋さんで選ぶときも便利ですね。

着物の文様の中には、歌舞伎役者に由来するものが多くあります。江戸時代、佐野川市松《さのがわいちまつ》が袴《はかま》の模様にして舞台にでたことから、名がついた「市松文様」。三代目板東三津五郎《ばんどうみつごろう》の名から取った、「三津五郎縞」は、三・五・六本の縞を交差させ、「三五六（三津五郎）」と読ませます。

## 慶びをあらわす吉祥文様

| | | | |
|---|---|---|---|
| 生物 | 鳳凰 | ほうおう | 四霊（龍・麒麟（きりん）・鳳凰・亀）のひとつ。不死鳥であり、よき君主の象徴。 |
| | 亀 | かめ | 「鶴は千年、亀は万年」と言われるように、長寿のシンボル。 |
| | 鶴 | つる | 武士の刀の鍔（つば）に好んでつけられるなど、日本の吉祥には欠かせない「瑞鳥」。 |
| 宝尽くし | 宝珠 | ほうじゅ | 密教の法具のひとつとされ、望みのものが手に入る珠。 |
| | 打ち出の小槌 | うちでのこづち | 『一寸法師』の物語でも有名な、望みがかなう魔法の小槌。 |
| | 隠れ蓑 | かくれみの | 天狗が持っているとされる、人から姿を隠すことができる蓑。 |
| | 巾着 | きんちゃく | 別名・金嚢（きんのう）。お金やお守り、香料などをいれる袋のこと。 |
| | 宝巻 | ほうかん | 別名・巻軸（まきじく）。ありがたいお経の巻物のこと。 |
| | 丁子 | ちょうじ | 肉の臭み消しに使われるスパイス・グローブのこと。薬用にもされ、稀少価値があった。 |
| | 熨斗 | のし | 「のしあわび」のこと。「延長（のし）」に通ずることから長寿の象徴にも。 |
| 花木 | 四君子 | しくんし | 君子に見立てた四種類の植物、「蘭・竹・梅・菊」が描かれた図案。 |
| | 松竹梅 | しょうちくばい | 冬の寒さにあって、花を咲かせる梅、常緑の松と竹にあやかったもの。 |
| | 牡丹 | ぼたん | 「花の王」として、富と気高さをあらわすとされる。蝶との組み合わせも多い。 |

## 縞

江戸時代に大流行した粋な文様

| | | |
|---|---|---|
| 牛蒡縞（棒縞） | ごぼうじま（ぼうじま） | 太い縦縞で、まるで牛蒡を並べたようだと「牛蒡縞」の名がついた。 |
| 矢鱈縞 | やたらじま | 文字通り、「やたらと」縞が不規則に入っているもの。 |
| 両滝縞 | りょうたきじま | 滝の水が流れるような縞。中心から両側に向かい、だんだんと太くなる。 |
| よろけ縞 | よろけじま | 直線の縞に比べ、よろよろと緩やかな波線で表現される縞。 |

## 格子柄

太い大柄は「威勢のよさ」を、細いものは「上品さ」を表現

| | | |
|---|---|---|
| 弁慶格子 | べんけいこうし | １センチ以上ある太い格子。歌舞伎の「勧進帳」の弁慶の衣装から。 |
| 翁格子 | おきなごうし | 翁（老人）が多くの孫を持っている様子を表現。子孫繁栄の意味がある。 |
| 高麗屋格子 | こうらいやごうし | 四代目松本幸四郎がまとった衣装の模様で、屋号の「高麗屋」を取り命名。 |

# 数によって格式をあらわす家紋

約二万種類もある家紋には、厳格なルールがあります

## 家紋の数が格式をあらわす

日本には、約二万種類の家紋があるといわれています。着物に付ける家紋は、五つ紋、三つ紋、一つ紋の三種です。五つ紋は、背中の中心、両袖の外側、両胸につけるもので、もっとも高い格式となります。黒留袖や喪服など正礼装に施します。五つ紋に次ぐ三つ紋は、背中の中心と両袖の外側に付けます。色留袖などに付けます。一つ紋は、背中の中心一ヶ所に。略礼装となり、気楽なパーティなどにぴったり。逆に正礼装で行かなくてはい

けない場所に一つ紋で参加しないよう、注意しましょう。

## おしゃれでオリジナルの家紋をつけてもよい

「洒落紋《しゃれもん》」と言って、好みの花や風景などをデザインして、家紋のように付けることもあります。

正式な家紋よりは格が下がりますので、格式高い儀式の場には付けていけません。セミフォーマルな集まりで楽しみましょう。

## 武家の紋と公家の紋

戦国時代、家紋は敵味方を見分けるものとして活用されました。当時活躍した武家の家紋は、シンプルでよりわかりやすい図案が好まれました。「丸に十字」の薩摩、島津家。「六文銭《ろくもんせん》」の真田家などなど。対して公家には、草花など優美な家紋が多く見られます。

## 日本の代表的な紋

| | 種類 | 紋 | 紋の名前 | 内　容 |
|---|---|---|---|---|
| 五大紋 | 藤 |  | **下がり藤**<br>（さがりふじ） | 「藤」の字のつく名字、佐藤・加藤・斎藤などの家紋に多い。 |
| | 木瓜 |  | **木瓜**<br>（もっこう） | 鳥の巣を意匠化したもので、子孫繁栄の願いが込められている。 |
| | 片喰 |  | **片喰**<br>（かたばみ） | 片喰は、荒れた地でもよく育つ雑草。その強さにあやかって。 |
| | 鷹の羽 |  | **違い鷹の羽**<br>（ちがいたかのは） | 100を超える武家の家紋となった人気の紋。鷹の獰猛さ、猛々しさを羽で象徴。 |
| | 桐 |  | **五七桐**<br>（ごしちのきり） | 桐の木は鳳凰が舞い降り、「聖天子誕生、聖天子誕生」と鳴くめでたい木とされている。 |
| よく見られる紋 | 梅 |  | **梅の花**<br>（うめのはな） | 菅原道真をまつる天満宮とも縁の深い紋。 |
| | 蔦 |  | **蔦**<br>（つた） | 樹木にからみつき繁殖することから、旺盛な生命力を意味する。 |
| | 巴 |  | **右三つ巴**<br>（みぎみつどもえ） | 水が渦を巻いた様子を現している。火災予防の意味から、民家の屋根瓦に使われることも多い。 |
| | 星 |  | **三つ星**<br>（みつぼし） | さまざまな数の星紋があるが、「三ツ星」は、オリオンの三つ星（将軍星）から「勝ち星」と言われる。 |
| | 菱 |  | **菱持ち**<br>（ひしもち） | 非常にバリエーションが多く、200種類以上もあるといわれる。 |

※ここに紹介した紋は、一例です。同じ「藤」にジャンル分けされる紋であっても、いくつもの種類のデザインと名称があります。

# 第二章

# 立ち振る舞いのおさらい

立つ・歩く・座る・開ける……
日々の所作には、日本ならではの礼の心、
相手を敬う思いやりが盛り込まれています。

BEHAVIOR

# 着物姿で美しく歩く

キレイな歩き方で、自然と着崩れもしにくくなり、一挙両得

## モデル歩きは、着物には不向き

腰を中心に、上からひっぱられているイメージで背筋を伸ばし、胸を張り、あごはしっかり引いて立ちます。そのまま、つま先をやや内側に向けて歩きましょう。一本の線をはさむように歩きます。言うまでもなく、外股で歩くのは避けたいもの。裾が乱れますし、いばってのし歩いているように見えてしまいます。

また、ドレス姿のモデルさんのように、腰を振って足跡が一本の線上になる歩き方は避けて。裾を乱してしまいます。

# 外股は百害あって一利なし

## 裾が乱れて着崩れの原因に

**着物のときは必ず内股で**
**手は自然に体に沿わせて**

つま先をやや内側に向けて、かかとより先につま先をつけます。また運動会の行進のときのように、手をブンブン振らないように。

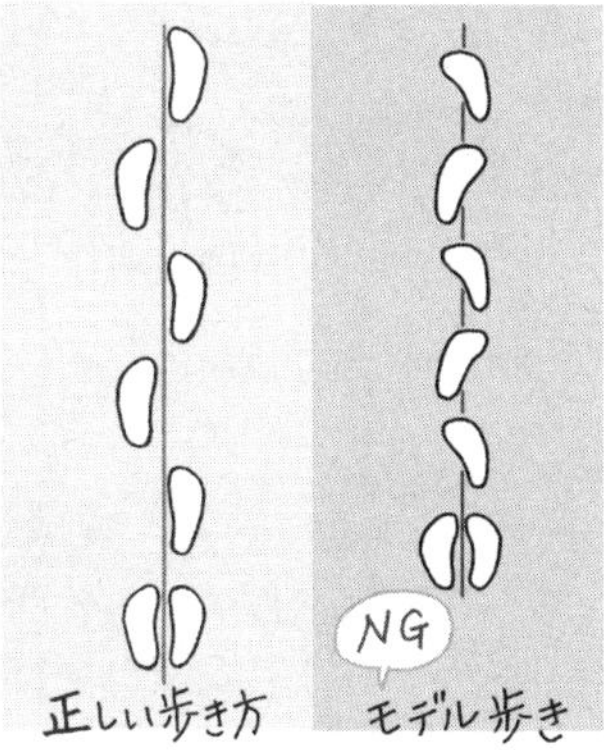


**一本の線をはさみ**
**足を並行に出して歩く**

右・左それぞれの足跡が、１本の線をはさんで平行になるよう歩きます。離れすぎると外股になってしまいますから要注意。

# 着物で電車や車に乗る

移動中の動きのポイントは、むき出し&ダラダラ禁止！

## 腕をあげるときは、袖口に注意

着物は洋服と違って、袖口が大きく開いています。まっすぐ上に腕を上げると二の腕までむき出しに……。たとえば電車の吊り革につかまる、乾杯でグラスを目線まで上げるときなどは、必ず脇を締め、袖口をもう一方の手で押さえることを忘れずに。

また、腕とともにむき出しになりやすいのがふくらはぎ。車に乗るときは、足より先におしりを車に乗せてしまいましょう。それから足をそろえて、車の中へ入れてください。

# 吊り革をつかむ・車に乗りこむ

エレガントに
流れるような動きで…

### 電車の吊り革をつかむ

上げる手と反対の手で、必ず袖口を押さえましょう。また着物は脇も開いています。常に脇を締めることをお忘れなく。

### 車に乗るときはお尻から

両足をそろえて、そのまま腰を落とします。その後、からだの向きを進行方向に変えて、両足をそろえて車の中へ。

コラム

# 長い袂《たもと》を汚さず美しく！

気がつけば袂を引きずっているかも！

## 振袖の長い袂を常に意識して

「むき出し」とともに気をつけたい「ダラダラ」とは、振袖の袂の扱いです。たとえば椅子。袂をダラリとさせたまま座ると、床についてしまい、お行儀が悪いだけでなく、袂が汚れます。

　そのほか、しゃがんで物を拾うときにも、同じように注意したいものです。

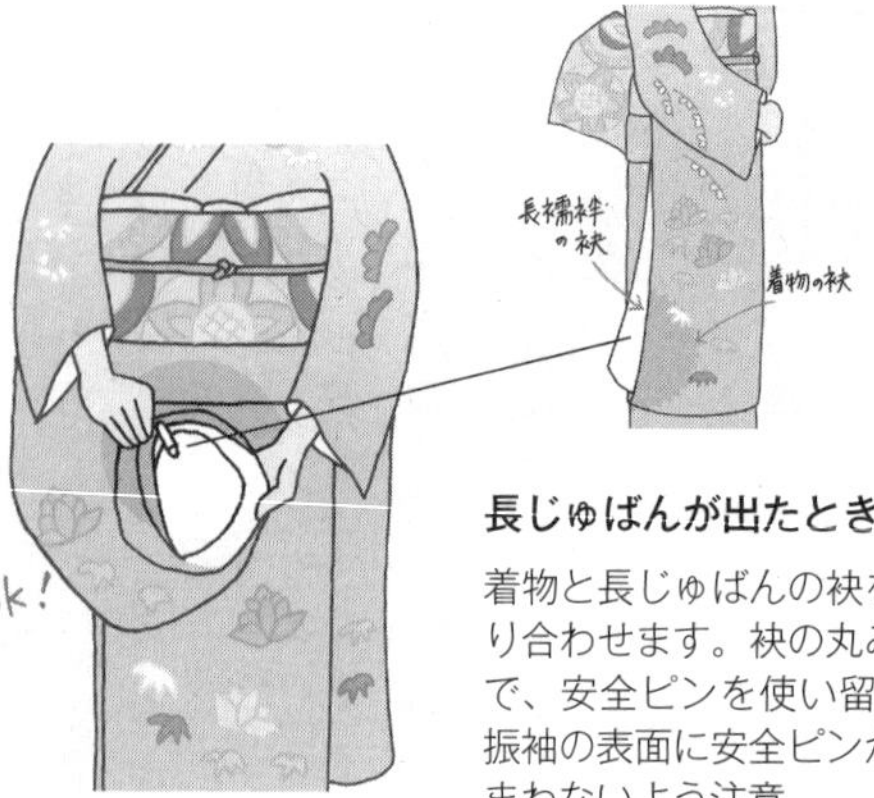


**長じゅばんが出たときは？**

着物と長じゅばんの袂をしっかり合わせます。袂の丸みの部分で、安全ピンを使い留めます。振袖の表面に安全ピンが出てしまわないよう注意。

**振袖姿で**
**椅子に腰かける**

座る前に、ひざの上に袂を重ねます。着物の着方と同様に、右袖を下、左袖を上にしましょう。それから腰をかけます。

**振袖姿でしゃがむときの袂の扱い方**

袂に手を添えてから、ひざを折ります。このとき、袂をひざの上に重ねるようにするといいでしょう。

# 着物で階段を昇り降りする

洋服感覚だと、後ろからふくらはぎが丸見えに！

## 階段の昇り降りは、斜めの姿勢で

着物姿で階段を昇り降りするとき、脚がスースーした経験、ありませんか？　あなたの後ろにいた人は、あなたのふくらはぎがにょきにょき出てくる様子を、しっかり目撃しているはず。

こんな失敗を防ぐためには、まず階段に対して斜めの姿勢をとることです。そして背筋を伸ばし、両膝を離さないようにして、つま先の体重移動で昇り降りするといいでしょう。手で着物のあわせの部分を軽く抑えれば、着崩れの防止にもなります。

### 階段を昇るときは つま先からがお約束

階段に対して斜めに向きましょう。前足のつま先に重心をかけ、前足が上の段につく瞬間に、後ろ足をつま先立ちに。体重を移動させるように体を上に持ちあげ、背伸びするイメージで。

### 階段を降りるときは 斜め移動を意識して

階段に対して斜めに移動すると、軽やかです。前足のつま先から降ります。足の裏全体を「どっかん」と踏みおろしながら降りると、全体に重い感じに見えてしまうので要注意。

# 和室での歩き方

畳の上を歩くときの約束事は、
家を大事にする思いのあらわれ

## すり足は「する」より「滑らす」感覚で

畳の上では、「すり足」で歩きましょう。しかし、すり足といっても、足の裏を畳にこすり付けて、ズルズル、ザーザーと音がするように歩け、というわけではありません。足は「する」よりも「滑らす」感覚で、後ろの足を前足に引き寄せます。

歩くとき、下を向くと猫背になります。しっかり背筋を伸ばし、視線は前方二～三メートル先の床に落とすと、とても上品です。また大股より小股のほうが、和室には似合います。

## 敷居や畳のへりは踏まないにこしたことはない

そして、敷居を踏まないように気をつけて。敷居を踏みつけると、家の建てつけを狂わせるからです。

また「畳のへりを踏まないように」といわれますが、作法の流派によってその定義が異なります。ただ、「へりを踏むなんて！」と思われる危険性を考えれば、踏まないように歩いたほうが無難です。

ところで敷居や畳のへりには、こんな逸話があるのをご存知でしょうか。

武士の時代、床下にしのびこんだ刺客は、畳と畳の間、畳と敷居の間からの光を注意深く観察していました。光が消える、つまりその上を人が踏んだときに、刀を差し入れ串刺しにしようと……。そんな危険を回避する方法が、作法として言い伝えられてきたのです。

# 畳や敷居のルール

不快な音をたてず滑るように！

**畳の上を歩く・正面の姿**

両手は軽く、ももに置きます。すり足で、足を滑らせるようにして歩きます。

**畳の上を歩く・横の姿**

猫背にならないよう、気をつけましょう。小股ぎみのほうが美しく見えます。

**敷居は踏まない！**

敷居を踏むことは、その家の主人の頭を踏みつけることだといわれます。家の建てつけが狂いますし、気をつけましょう。

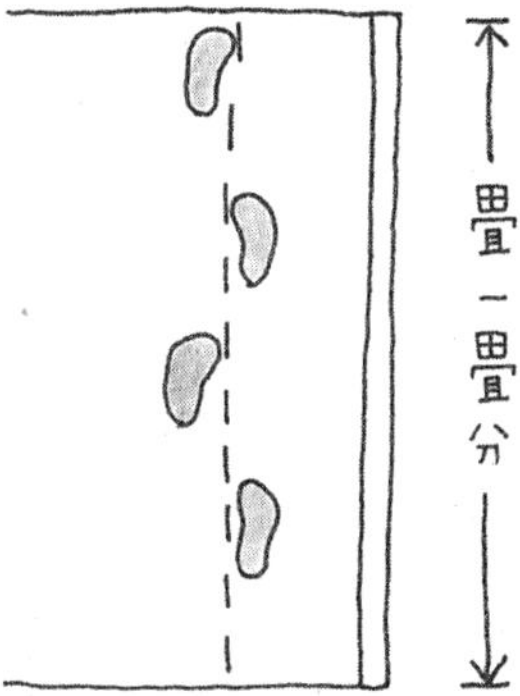


**畳1畳分を、4歩半で歩く**

女性の場合、畳1畳を4歩半程度で歩くと、ちょうどよい歩幅になります。男性は3歩半。1本の線をはさむように、足は平行に。

# 和室での座り方

座る所作は、「上座」「下座」がわかってこそ！

## 座る所作とともに「座るべき場所」が重要

座るときの作法でもっとも大切なことは、実は「座るときの所作」ではありません。「失礼のないように、自分の座るべき場所に座る」点なのです。

訪問先の方への挨拶もそこそこに、ズカズカと上座に座り込むのは、無作法極まりないこと。

お客様や目上の方がいらっしゃる場合、当然ですが上座はその方が座るべき場所です。自分は下座となります。

このような席次の考え方は、簡単です。入り口から遠いほう、床の間があるほうが上座。床の間がある部屋なら、入口の遠くにしつらえられているはずです。目上の方がいる場合には、そこに座っていただきましょう。

座るときは、畳のヘリは避けて座りましょう。足が痛くなりますし、畳も傷みます。

## 座るときも「背筋を伸ばす」ことから始めて

和の作法の基本は、どんな動作でも同じです。最初に、しっかり背筋を伸ばしましょう。

座るときも同様です。足元を気にして、猫背で座り込むのは、不健康で美しさに欠けます。上半身はそのまま、足の動作で座るように心がけてください。

# 和室で座る

ぎくしゃくせず、優雅に座る方法

壱

**右足を引く**

立った姿勢（両足を揃えている）から動き出します。最初に右足を半足分程度、後ろに引きます。

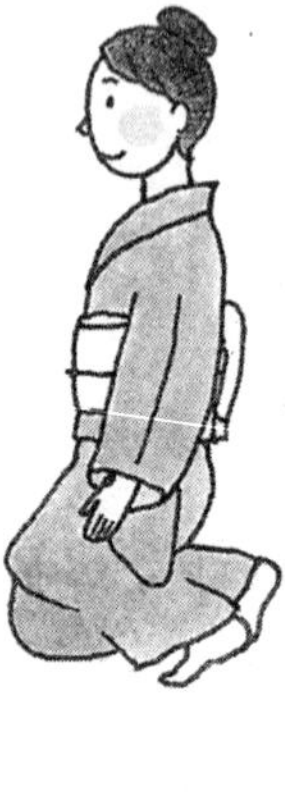

弐

**右ひざを畳につける**

次に右足から畳につけます。大きな音がしないように、静かにひざを折りましょう。上半身は伸ばしたまま、猫背に要注意。

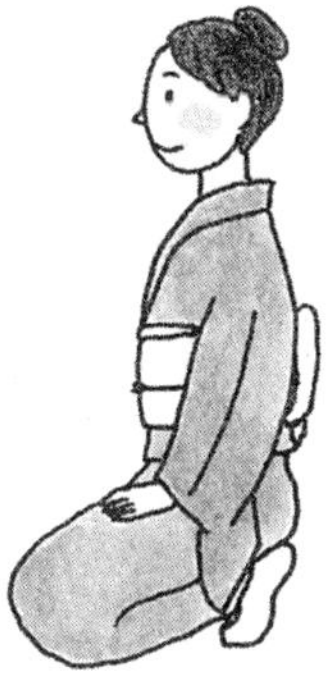

参

**両方のひざを畳につける**

左足を引きながら、両足をきちんとそろえましょう。腰は、そろえたかかとの上におろします。

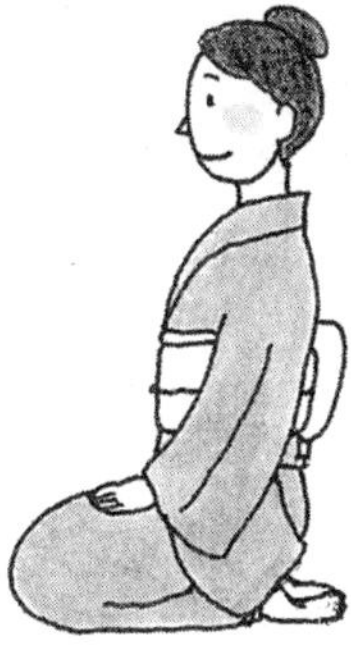

四

**かかとをおろして正座に**

足の甲を畳につけて、正座になります。手はももの上に置きましょう。

# 座布団の座り方・降り方

和室に欠かせない五つの「べからず」集

## 座布団は思いやりの結晶

座布団は、単なるクッションではありません。畳の上にそのまま長時間座っていると、足はしびれ、冷たくなってきます。少しでもそれらを緩和するためにと工夫されたものが、座布団です。

いわば、日本人的思いやりが形となって受けつがれているもの。不潔とされる足の裏で踏みつけないよう、座布団に座る所作は、その気持ちをありがたく受け取る表現です。

座布団に座ったなら、すぐに足を崩すのは遠慮しましょう。いくら足を崩してもよいといわれるのが分かっていたとしても、先方の方から「どうぞお楽に」と勧められてから、はじめて足を崩すのが、奥ゆかしさというものです。

そのとき足は、下座方向（入り口方向）に向かって崩すのがよいとされます。足という地につけるものを、上座に向けないのが和の心を表しているのです。

**座布団べからず集**

一、足で踏みつけるべからず
二、勝手に座るべからず
三、勝手に動かすべからず
四、座布団にのったまま挨拶するべからず
五、勧められるまでは足を崩すべからず

# 座布団に座る

座布団の脇に座る所からスタート

壱

**座布団の脇に座る**

座布団の下座（入り口方向）側で両手を軽くにぎって、畳の上に。ひざだけ進めます。

弐

**ひざを進める**

ひざの両脇に手を移動させ、腰を浮かせます。そしておしりを座布団の上に乗せます。

参

**体全体を移動する**

手を置きなおし、両手に体重を移動させます。ひざを動かして、体を正面に向けます。

四

**中央に座り直す**

ひざをそろえて、中央に座ります。両手はひざの上に、手先を軽くそろえて置きます。

# 座布団から降りる

座布団の上に立つのはNG!

壱

### 手から動きはじめる

両手を軽くにぎり、手を支えにして、降りる方向（下座）に向かって体を斜めにずらします。

弐

### ひざで移動する

両手を支えにして、ひざを少し浮かせます。そこから、ひざを移動させ、滑るように降ります。

参

**おしりをずらす**

次におしりを浮かせてずらし、座布団から体全体をおろします。

四

**座布団脇に座りなおす**

手を支点にして体を動かし、座布団と平行に座りなおします。

コラム

# 座布団のある暮らし

正座の足のしびれ対策も伝授！

## 座布団で「和」のおもてなし

座布団には裏と表があります。自分が座っていた座布団を裏返しにして、お客様にお勧めするのは失礼千万。

お客様には必ず表を、前向きにして使っていただくのが礼儀です。76ページに座布団の裏と表・前と後ろの図説を用意しましたので参照してください、

## 正座でしびれたときの礼儀正しい対処法

正座をすると、いくら座布団の上に座っていてもしびれます。

もともと正座は武家儀礼で、相手が即座にとびかかれないようにと、足がしびれるようになっているのです。なので、足がしびれることを前提に、礼儀正しいしびれ対策を覚えましょう。

**●跪座になる**

この姿勢は、礼にかなったものですから安心です。

**●足の親指を動かす**

親指を重ねているのなら、その重なりの上下を変えてみて。

**●足袋の上のハコゼをはずす**

血行が改善、しびれが改善されますよ。

できるだけもぞもぞせずに、さりげなく行いましょう。

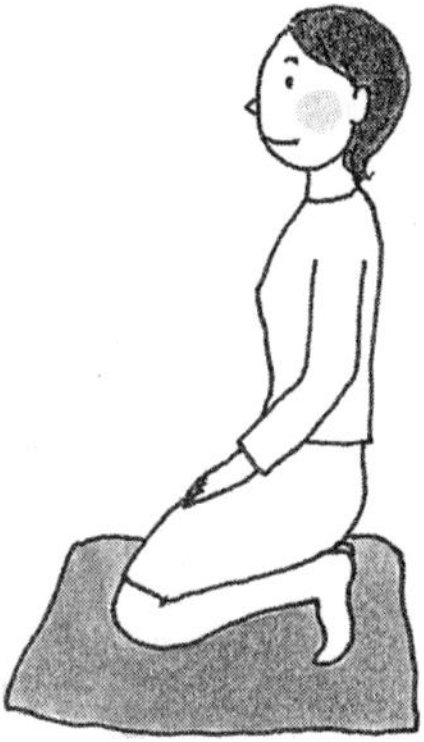

**座布団作法のキモ・跪座《きざ》**

跪座は、正座と同格の座り方です。ひざまずいた両足の爪先を立て、かかとにおしりを乗せて座ります。

コラム

# 座布団の扱い方

座布団の表裏・前後ろをチェック

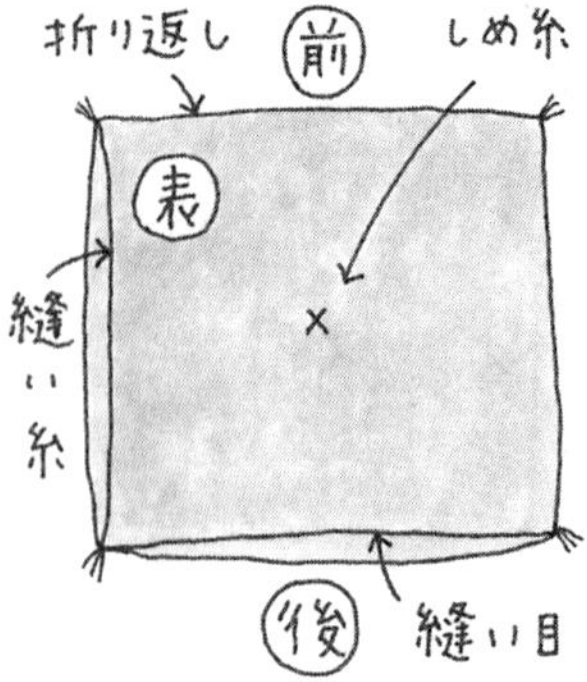


**座布団の裏表**
**前と後ろ**

十字にしめ糸が見えているほう、もしくはしめ糸のふさが見えているほうが「表」。縫い目がなく「輪」になっているほうが、お客様のひざが乗る「前」。

**お客様に**
**座布団を勧める**

お客様が和室に入室なさったとき、お客様が挨拶でいったん座布団から降りられた後に。「どうぞお当てください」と勧めます。

①表面を内側に、前側が上になるように座布団を二つ折りにして、お客様のところまで両手で持っていきます。お客様の脇に跪座の形で屈み、座布団 を畳の上に置きます。

②座布団の前側を両手で持ち、開きます。

③座布団を開いたら、手のひらでさっとしわを伸ばし、お客様に座礼。「どうぞ座布団をおあてください」と勧めます。

# 正座から立つ所作

軽やかに品よく、立つ鳥跡を濁《にご》さない方法

## つま先に力をいれて、体重を感じさせず

正座から立つ動作は、不安定でよろけやすいもの。しっかりと、それでいてエレガントに立ち上がりたいですね。

コツは、踏み出した足のつま先に、ぐっと力をいれ、息をゆっくり吸いながら立つことです。あごは引き、背中はまっすぐに。下半身だけの動きで立ち上がるイメージです。

もちろん「どっこいしょ」なんて掛け声は無用です。体重を感じさせないくらいに軽々と、上品に立ち上がりましょう。

## 座布団を動かさないで立ちあがること

座布団から立ち上がるとき、座布団の上に立たないようにしましょう。いちばん避けたいマナー違反です。

そして、座布団を動かさないように注意するのも大切です。もぞもぞしていると座布団がずれるので気をつけて。座布団を引き抜くようにして動かしてしまうのも、お行儀がいいとは言えません。72ページを参照し、正しい方法をマスターして。

「どうぞ」と畳の上に置かれた座布団は、洋間でたとえるならソファのようなものです。勝手に位置を変えるのは、してはいけないこと。どこにでも持ち運べるクッションのように思われがちですが、重々注意してください。

# 正座から立ち上がる

できるだけ体を左右に揺らさずに！

壱

**跪座になる**

腰を浮かして、両足のかかとをそろえます。かかとに腰をおろし、跪座の姿勢をとります。

弐

**右足から動く**

右足のひざを進め、半歩踏み出します。

参

**立ち上がる**

右足つま先に力を込めて、そのまま静かに立ち上がります。ゆっくり息を吸い込んで。

四

**足をそろえなおす**

右足をそろえて、左足に沿わせます。立ち上がるとき、立ち上がった後、座布団は動かさないのがマナーです。

# ふすまを開ける

鍵がかからないからこその、気配り作法を伝授します

## 鍵がないのは、互いの和の心を信頼する証

ふすまで仕切られた和室は、鍵がない部屋。すなわち誰でも傍《ぼう》若無人《じゃくぶじん》に入室してよい部屋……では、決してありません。鍵がなくても、礼にのっとって入室されることを前提にした部屋、和の作法をお互い守ることを信じて存在する部屋なのです。

## 「咳払いをする」という気配り作法

「和室に入る前には、しわぶきせよ」。そんな古い教えがあるのを

ご存じですか?

「しわぶき」とは、咳払いのこと。普通なら控えたほうがよさそうに思えるこの行為。入室の前にすることで、「これから入ります、よろしいでしょうか?」の合図になるというわけです。

現代的には、「失礼いたします」と言ってから、ふすまや障子を開ければよいでしょう。ただし、声がけから開ける動作に入るまでは、一呼吸おいて。中にいらっしゃるお客様が座り直したり、お話を中断されるなど、準備ができるからです。

ふすまを三回にわけて開けるのも、同じ理由です。一回目は、「これから入りますよ」の意思表示。二回目に半分まで止め、三回目に手を換えるという段階を踏むのは、中にいる方が準備するための時間を設けると同時に、入室後の自分の振る舞いを考えるため。まどろこしいような作法には、きちんと理由があるのです。

# ふすまを開ける作法

急がず慌てず、ゆったりと…がコツ

壱

**ひざまずき
取っ手に手をかける**

ふすまの前にひざまずき、「失礼します」と声を掛け、取っ手に近いほうの手でふすまを5センチ程度開けます。もう一方の手は、体に沿って伸ばし、手先もピンとさせるとキレイです！

弐

**体の半分くらい開ける**

取っ手から手を離し、その手をふすまの側面に。すっとずらして、床から15センチくらいまでおろします。それから体の半分が見える程度まで、ふすまを開けます。

参

### 通れるくらいに開ける

手を換えて、自分が通れる程度開けます。もう一方の手は、体に沿わせて手先まで伸ばします。これも敬意を示す形です。

### お茶を運ぶとき

ふすまの前では、お盆はいったん下に置きましょう。その後ひざをついて、ふすまを開けます。

# お客様にお茶を出す

お茶のお盆は卓の上でよい？
お客様のどちらから出す？

## そもそもお茶はどこで淹《い》れればよい？

お客様にお茶を淹れる方法には、いろいろ迷うことがあります。お茶はお客様の目の前で、お待たせせずに出すのが正式？　いやいや、よほど親しい間柄でない限り別室で……と、さまざまな考え方が。それぞれの家の慣習や、お客様のお宅を訪ねたときにしていただいた方法を選べばよいでしょう。

なお、お茶のふたは運ぶときに冷めたり、ホコリが入ったりするのを防ぐためのものです。目の前でお茶をお淹れするときには、無用という考え方もあります。

## 茶托《ちゃたく》はお客様に出す前にセット

日本茶を湯飲みに入れてお出しするときは、茶托をつけますが、この茶托をどこでセットするかも迷うところです。

別室でお茶を淹れ、茶托にセットしたまま運んでいると、お茶がこぼれて茶托を汚すことも考えられます。お客様にお勧めする直前に、お茶の下に敷くほうが安全です。

ちなみにお茶は、淹れてから三十分以内に飲み干していただくのが目安です。もし三十分過ぎて、まだお客様がお茶を飲み干しておられないようなら、「熱い（冷たい）ものに淹れ替えましょう」とお声がけを。その前に飲み干されていたら、その段階で「おかわりはいかがですか?」とお勧めしましょう。

# 和室にお茶を運ぶ

お盆の置き方は和室と洋室で異なります

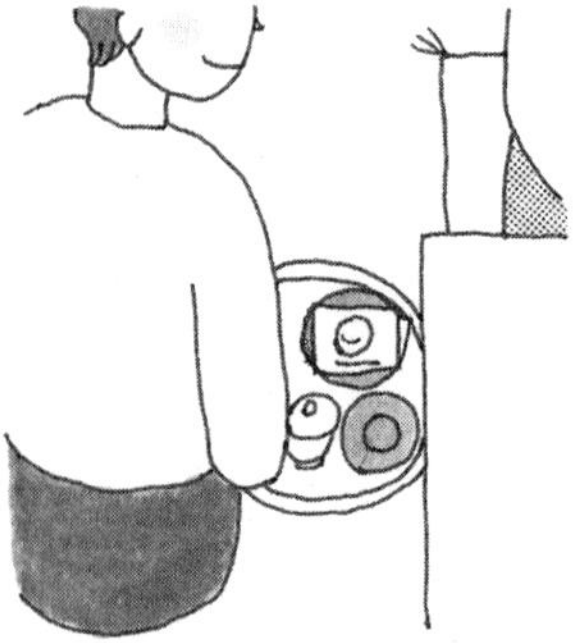

壱

**いったんお盆を畳の上に**

お客様の前まで来たら、お盆を自分の脇の畳の上に置きます。座卓の上には置かないのが、和室のマナーです。

弐

**奥になるものから出す**

出す人にとって、奥になるものからお出しします。お菓子はお客様の左手に。右手で持って左手は添えるようにしましょう。

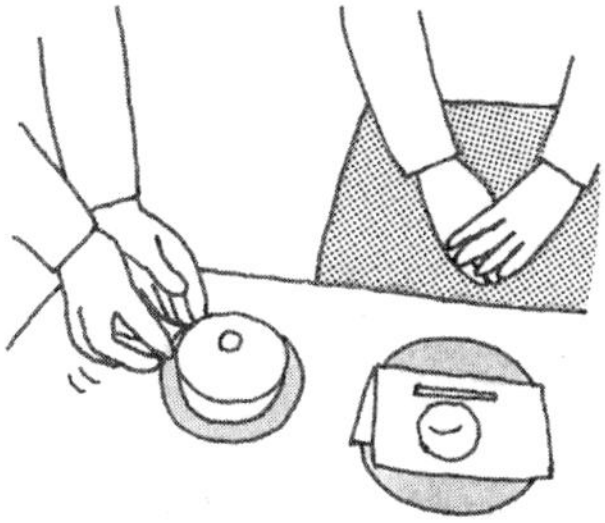

参

**お茶は向かって右に**

茶托はお盆の上でセットし、茶碗の正面を向けてお出しします。お客様に向かって右手になるように。

**洋室で**
**お茶をお出しする**

テーブルの端にいったんお盆を置きます。そこからお客様の前にお茶をお出ししましょう。

# 椅子にかける・椅子から立つ

洋の空間でも、「最初に挨拶、背筋を正す」が基本

## 椅子に座る前に、まずはご挨拶

洋室に誘われたなら、そのまま先方の方も入室、もしくはいったん待たされます。

いずれの場合も、相手の方が入室されたときには、立ってご挨拶します。挨拶は、背筋を正し、腰を折るようにして。挨拶の後、椅子を勧められたら座ります。

## 椅子は浅くかけるべし

どっかり背もたれにもたれかかり、足を投げ出す姿は見苦しいもの。浅めに腰掛けて、背筋をのばし、足は自然に流します。足を流す方向は、下座（入り口方面）の方向がよいとされています。

バッグは、小さいものならひざの上に、大きいものは、下座のほうの足元や、ソファや椅子の横に置きましょう。テーブルの上に置くのは、マナー違反なので要注意です。

## 椅子はどちらから座る？　立つ？

椅子は左側から座る、とするマナーもありますが、日本伝統の作法では、下座のほうから立つ・座るのがルールです。

常に下座方向に位置することで、相手への敬意を示します。つまり部屋のつくり次第で、椅子の右から座る・左から座ると、都度都度判断することになるのです。

# 椅子にかけるときの行儀作法

下座・上座を心得て、品よく

壱

**背もたれを持つ**

椅子の下座側に立ち、下座のほうの足を一歩出します。上座方向の手は、背もたれを持ちましょう。

※上座・下座はp.96参照。

弐

**椅子の正面に移動**

残りの足を椅子の真ん中に移動させ、先に進めていた足を添わせます。

参

**椅子の前で直立**

足をきちんとそろえて、椅子の正面に立ちます。

四

**腰かける**

腰から静かにおろして、椅子に腰かけます。背もたれにはもたれずに、背筋を正すと美しいです。

## 椅子から立つときの所作

体の向きは真正面のままで！

壱

**足をそろえて立つ**

まず、足を椅子正面にそろえ、そのまま立ち上がります。

弐

**片足ずつ移動**

下座方向の足を真横に移動。次にもう一方の足を椅子の横に。椅子に対し、真横に立つイメージで。

参

**椅子の横に立つ**

最初に出した足を、後ろに来ている足に沿わせ、椅子の横に真正面に立ちます。

コラム

# 礼にかなった席次

法則を理解すれば簡単！

## 上座＝心地よい席に目上の方を

部屋には、上座と下座という「席次」があります。上座に大切なお客様をご案内しましょう。

## 床の間とマントルピースを目印に

席次は難しそうですが、実はシンプルな法則で成立しています。「床の間」から近い場所・「出入口」から遠い場所が上座です。

目上の人は、人の出入りで煩《わず》らわしくないよう、入り口から遠くの席。たいてい、床の間や生け花などを置く飾り棚、古い洋間ならマントルピースがしつらえられています。

目下の人間は、用事のために出入りしたり、レストランなどでは注文を伝えに行ったりなど、入口の近くにいると動きやすく、便利です。よって、入口の近くが一番の下座になるのです。

# 和室の席次

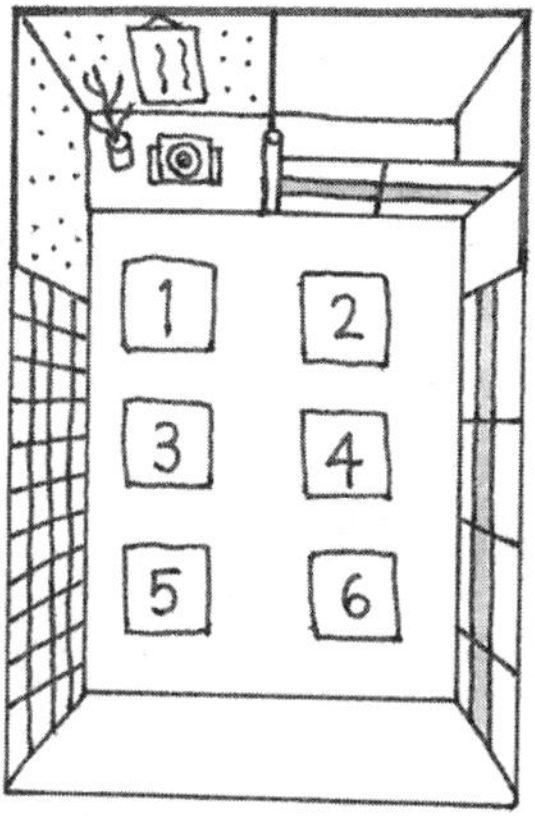


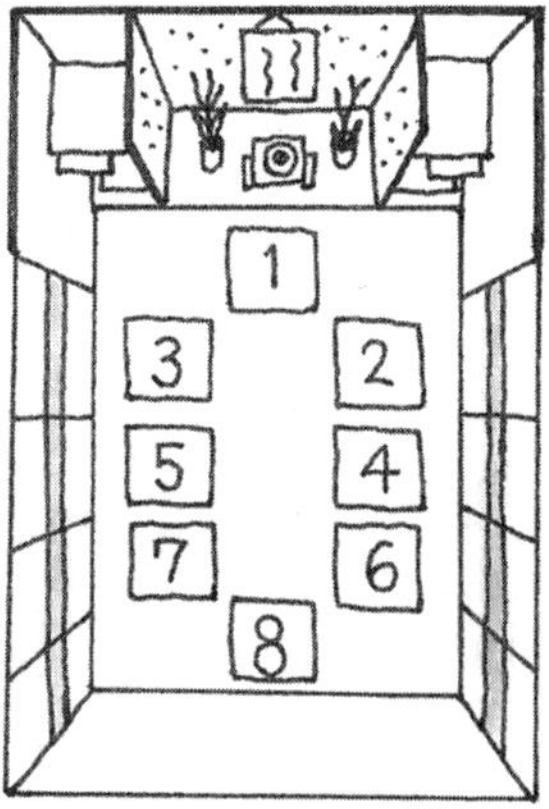


**床の間が角にある場合**

床の間が向かって右にある部屋では逆になります。

**床の間が中央にある場合**

日本は「左上位」がしきたり。床の間の前の上座から見て左へと順に送ります。（ちなみに、欧米では「右上位」なのだとか）

# 洋室の席次

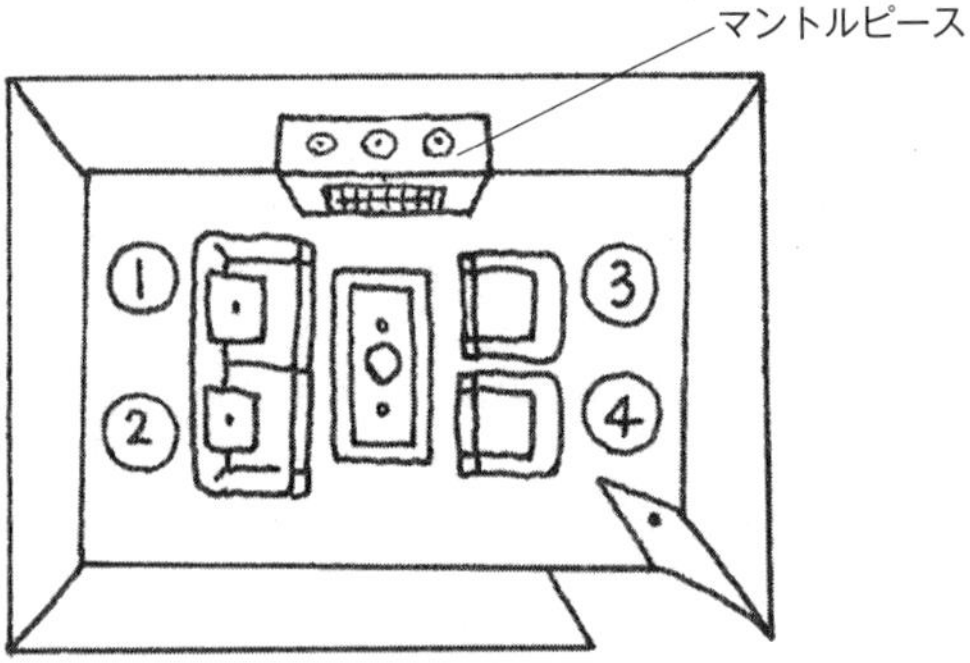


2人がけソファのある洋室の場合

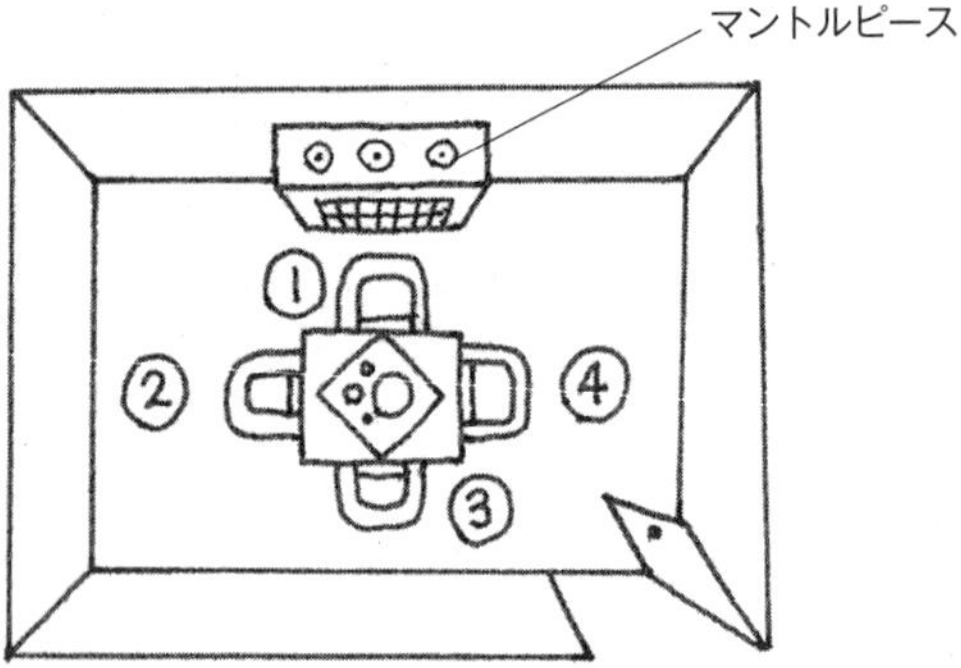


4人用テーブルのある洋室の場合

TOPICS

# おじぎを習う

# 立ち姿のおじぎ「立礼《りつれい》」

プライベートで、オフィスで…使用頻度の高い立って行うおじぎ

## 作法の原点「おじぎ」

おじぎは相手への無限の敬意と信頼を表すもので、大きく三種あります。もっともラフなのが、知人に会ったときなどに軽く頭を下げる「会釈《えしゃく》」。次に、訪問するときなどに行う一般的な「普通礼（敬礼）」。そして、目上の方に対してするもっとも丁寧な「最敬礼」。

いずれも、「頭と背中を一直線に」が大事。頭だけ下げると、まるで叱られている子供のように見えます。ペコペコと何度も頭を下げるのも、見苦しいうえ、相手を困惑させてしまうので避けましょう。

# 立礼の「会釈」

知人にあったときなどに

**立礼「会釈」　横の姿**

上体を 15 度程度傾けるイメージで。背筋はまっすぐ伸ばしましょう。足もきちんとそろえて。

**立礼「会釈」　正面の姿**

腰を少し曲げると、自然に手は前に出ます。少しだけ八の字になるよう心がければ、美しい姿になります。

# 立礼の「普通礼」

会釈よりもう一段階深い敬意で

**立礼「普通礼」横の姿**

上体を傾ける角度は45度くらい。息を吸いながら上体を折り、おじぎの角度まできたらストップ。すっかり息を吐き出してから、再度、吸いながら上体を戻します。

**立礼「普通礼」正面の姿**

会釈と同じく、手の形は八の字のように。上体が前に下がる分、両手は近くなります。

# 立礼の「最敬礼」

最高の敬意を表明

**立礼「最敬礼」　横の姿**

上体を傾ける角度は、60度が目安。何度もペコペコしないで、ゆっくりと一度敬礼するほうが、あなたの気持ちが伝わります。

**立礼「最敬礼」正面の姿**

上体が深く折れる分、手先はひざのあたりまでくるでしょう。やはり手の形は八の字にすること。

コラム

# 神社で行う礼「二礼二拍手一礼」

壱

**賽銭箱に**
**賽銭を奉納する**

御神前にきたら、まず小さく一礼します。お賽銭箱にお賽銭を入れ、鈴があれば静かに鳴らします。

弐

**「二礼」**
**深いおじぎを２回**

足をそろえて姿勢を正し、１歩下がって深いおじぎを２回行います。

参

**「二拍手」**
**2回手を叩く**

再び姿勢を正して、手のひらを重ねて右手だけ下に少しずらします。次に肩幅くらいに両手を開き、先ほどずらした手の状態で2回手を叩きます。

四

**「一礼」**
**最後に深く一礼**

右手をもとに戻したあと、腕を伸ばして姿勢を正しましょう。さらに1回敬礼し、神前から去るときには小さく一礼。

# 座って行う「座礼」を学ぶ

和室では、座ったままのおじぎが主。きれいな形をマスターして

## 和室でおじぎをするときの心得

座ってするおじぎを「座礼《ざれい》」といいます。いわゆる「三つ指をついて」という姿。男性の場合は、手をそれぞれのひざの上に置くとよいでしょう。

作法の流派によっては、「手は上体をかがめたとき、自然に前に出る場所に置けばよい」という教えもあります。どれが正解というものはなく、その場にあわせた所作、年長者を手本とした動きを正解としてを行うとよいでしょう。

# 座礼の「会釈」

親しい知人同士で交わす礼

**座礼「会釈」　正面**

まず相手の顔を見て、それから目線も落としながらおじぎを。女性の場合、手はそろえて足の前に置くと上品です。

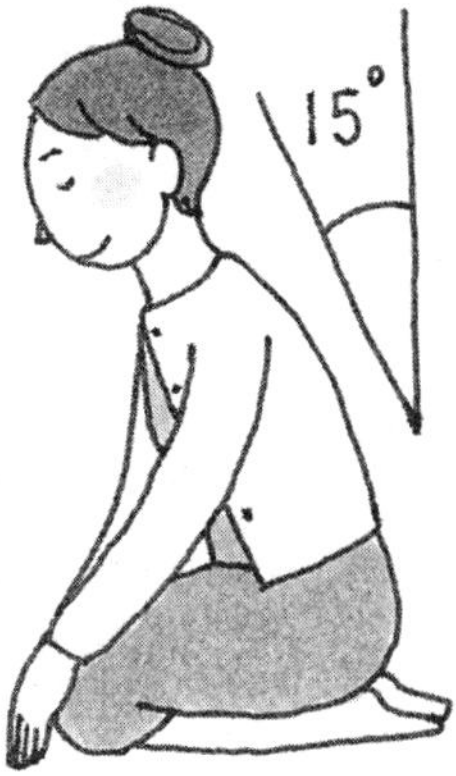


**座礼「会釈」　横**

上体を傾ける角度は 15 度程度。背筋を伸ばし、エレガントに。

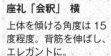

# 座礼の「普通礼」

会釈よりも丁寧な座礼

**座礼「普通礼」　正面**

手先をつく方法は、もっともよく知られる形です。頭を下げたとき、一呼吸おいてから体を戻すようにしましょう。

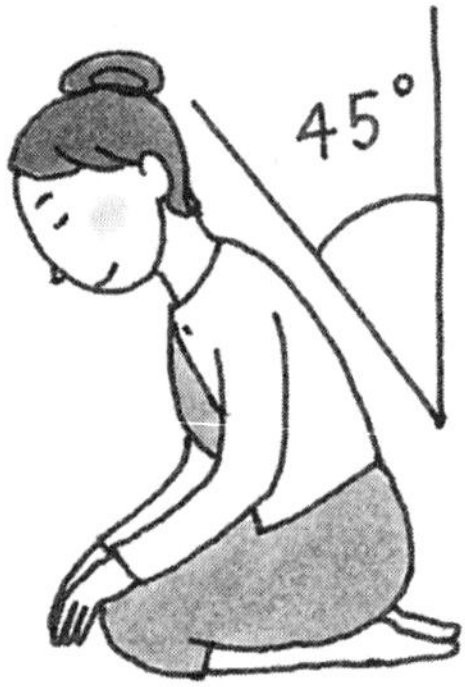


**座礼「普通礼」　横**

上体を傾ける角度は、45度くらいを目安に。バタバタ体を折るのではなく、急がずに、ゆったりした所作を行うと優雅に見えます。

# 座礼の「最敬礼」

土下座ではなく座礼の「最敬礼」！

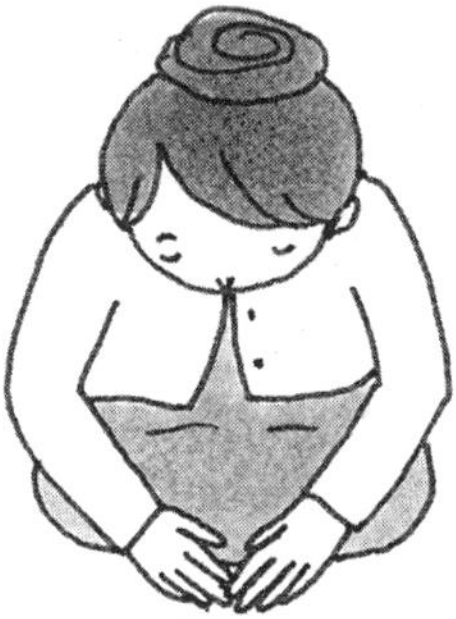

**座礼「最敬礼」　正面**

「このたびはまことにお世話になりまして……」など、お礼の言葉を言うのはおじぎの前に。床に頭をこすりつける土下座とは意を異にする座礼。

**座礼「最敬礼」　横**

上体は 60 度程度傾斜して、かなり深く頭を下げた姿に。

# 行き会いの礼・前通りの礼

すれ違うとき、目の前を通るとき

## 「行き会いの礼」は、すれ違いのおじぎ

「行き会いの礼」は、相手が通り過ぎるまで端によって立ち止まるのがいちばん丁寧。中央を相手にゆずり、端を歩きながらすれ違った瞬間に会釈をする方法でも、無作法ではないのでご安心を。

## 「前通りの礼」は、「前を失礼します」のおじぎ

末席にいたけれど、上司や先生に呼ばれて前に出ることになったとき。自分の通り道上にいるほかの方へおじぎします。立礼なら、美術館などで、鑑賞している方の前を通るときにも。

# 行き会いの礼

## すれ違うときに頭をペコペコ…は×

**みっともないから避けたいおじぎ例**

前を通るとき、何度もペコペコ。すれ違うとき、首だけガクンと落す。いずれも心がこもったおじぎには思えないもの。

**道で行き会いの礼をする**

ポイントは、端によって立ち止まり、相手が通り過ぎるまでおじぎをしていること。足をそろえて、背中はまっすぐに。

# 前通りの礼

「失礼いたします」の気持ちを込めて

**壱**

**手前でいったん立ち止まる**

和室で最も格式高い方法での「前通りの礼」をご紹介。少し手前で立ち止まり、顔を向けて相手に会釈をします。

**弐**

**座礼をしてから前を通る**

ひざまずいた形「跪座《きざ》」(p.75 参照)になって、座礼をします。その後、立ち上がって前を通らせていただきます。

# 第三章

# 喫食《きっしょく》の行儀

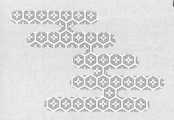

食べる姿は人柄を表すとも言います。
作法にのっとった振る舞いであることはもちろん、
「食」への感謝の気持ちも添えて。

WASHOKU

# 食卓を美しく整える配膳のルール

普段の食卓でも活用できるポイントを伝授

## 和食のお皿の位置には決まりごとがある

和食のお皿やお箸などを置く位置には、ルールがあります（116ページ参照）。また、お皿を扱うときには、大きな音を立てないで静かに。せっかくの盛り付けが壊れないよう気を付けましょう。

## 洋食はディナー皿を基準にして

洋食の配膳の基本は、ディナー皿を中心に。ディナー皿の上には、ナフキンを置いておきます。

カトラリー類は、ナイフは右、フォークは左に配置。ナイフとフォークは、使う順に外側からセットしておきましょう。ワイングラスや水のグラスは、ディナー皿の右上。サラダ皿を使う場合には、左上に置きます。

## 店屋物を出すときは、別皿に盛り付け直して

急なお客さまで、店屋物をお出しするときには、一手間かけたいものです。皿に盛りかえる、お吸い物を付けるなど、ちょっとしたことで充分気持ちは伝わります。

普段、家族のご飯にお惣菜を買ってきたときなども、盛り付けに工夫してみましょう。お漬物やサラダなど、簡単なものを一皿加えれば、「出前の物だけ」「買ってきただけ」とはなりません。

# 和食の配膳方法

お招き先でお手伝いするときにも安心！

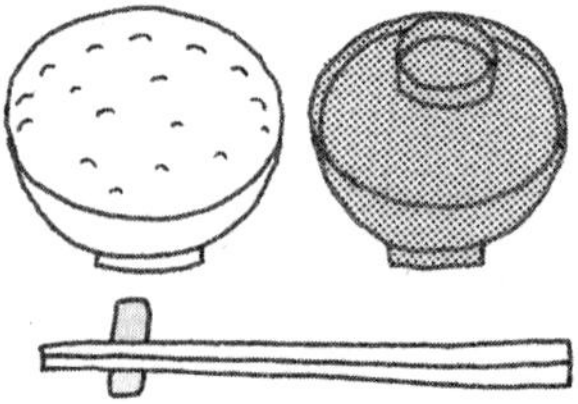

### ごはんとお汁

ご飯を左に、お汁は右に。箸は手前に、先を左向きに置きます。

### 和食の配膳

メインとなる料理、刺身、焼き物、揚げ物は右上に。煮物、和え物は左上に。香の物は真ん中に置きます。

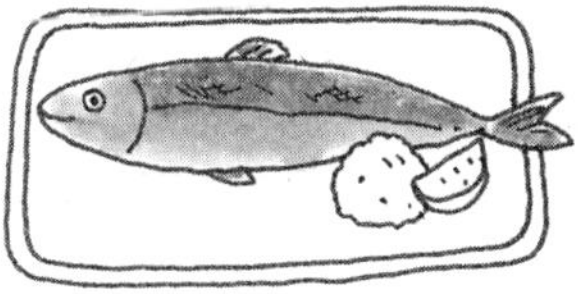

### 焼き魚を盛り付ける

頭を左に、腹側を手前に。ただし、カレイだけは腹側が手前になるよう頭を逆に。切り身の魚は、皮側を向こうにして、見えるように

### 器の向き

ふたつきのものは、柄をあわせます。ワンポイント模様は、お客様の正面に。線模様は横向き、八角形の皿は平らな面を手前に。

### 香の物を盛り付ける

奥に、色の濃い野沢菜漬けなどを。左手前には明るい色のお新香など。細かく切った柴漬けは、右手前に。

### 器の向き

しょう油さしなど、取っ手のある容器は、取っ手を右に置きます。スプーンがついているなら、柄を右に。お客様が取りやすくなります。

# 人柄を語る箸の扱い方

覚えておきたい箸の格や、美しく扱うコツをご紹介

## 塗り箸よりも割り箸のほうが格上？

着物と同じように、箸にも格式があります。もっとも格式が高いとされている「正式の箸」は、両端が細く削られた「柳箸」。一方を神が、一方を人が使うという考え方から、人と神との橋渡しをする意味があるとか。

次に「略式の箸」は、割り箸、塗り箸。割り箸のほうが格は上です。日本ならではの「穢《けがれ》を嫌う」考え方では、一度使って破棄する割り箸は常に清潔。しかし、塗り箸は何度も洗って使いますから、

割り箸より格下とされるのです。

逆さ箸とは、取り箸がないとき、箸先を逆にして大皿から料理を取り分けること。箸先はすでに口をつけている「直箸《じかばし》」だから逆さにして……という配慮ですが、取り箸を頼むほうがよいでしょう。手で持つほうを箸先に使うのは不衛生ですし、汚れも気になります。

## 箸をきれいに使うのは、自分のためではない

箸の作法はいろいろとあり、覚えるのが大変に感じるかもしれません。箸使いは意外と見られているもの。その場で共の食事を楽しんでいる人は、「お、案外デキるな」「品のよい人だな」と思われるいい機会でもあります。

特に「嫌い箸」（124ページ）には要注意。皿の上に箸をおきっぱなしにするのも「渡し箸」といって、よろしくない箸使いです。

# 箸使いの基本をしっかりおさらい

今からでも学び直しできます！

壱

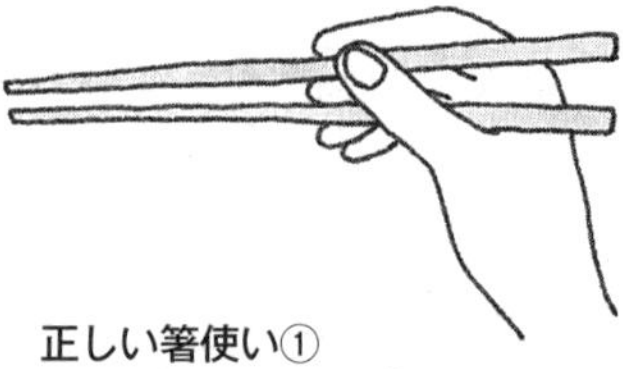

**正しい箸使い①**
**上下の箸を指２本ずつではさむ**

箸先から２/３くらいの場所を持ちます。上の箸は、人差し指と中指ではさみ、親指を添えて。下の箸は、薬指と親指の付け根で固定します。

弐

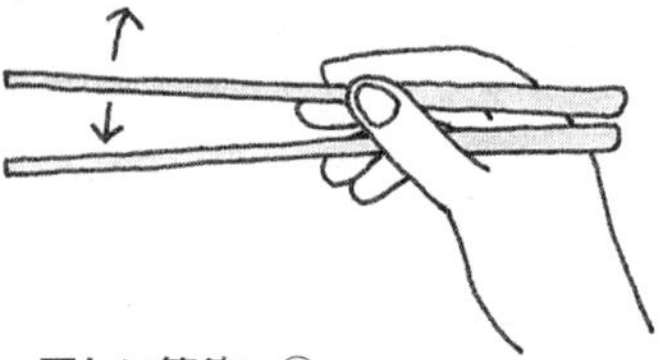

**正しい箸使い②**
**上の箸のみ動かす**

下の箸は固定したまま。上の箸だけを動かします。「箸先五分（約1.5㎝）、長くて一寸（約３㎝）」といい、なるべく先だけ使うときれいです。

壱

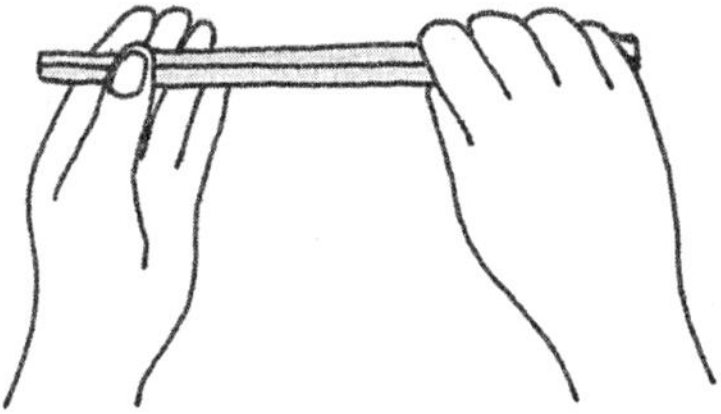

**箸を取り上げる①**
**両手で箸を持ち上げる**

最初に右手で箸の中央を持って持ち上げ、左手は下から添えます。右手を中央から右側にずらします。

弐

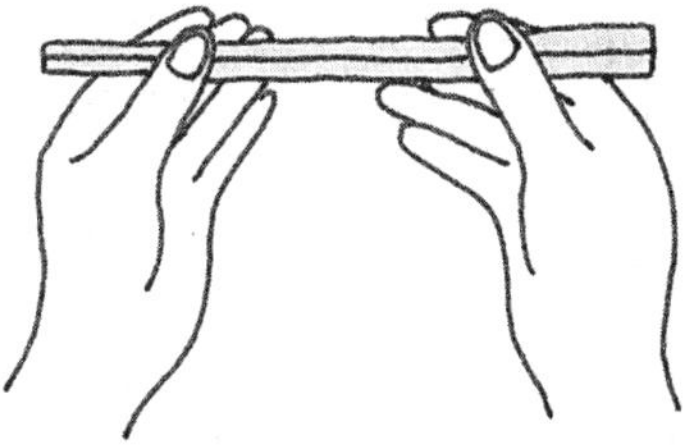

**箸を取り上げる②**
**右手で持ちなおす**

右手を返して、右端から三分の一程度の部分、実際に箸を使うときのところにもっていきます。次に左手をはずします。

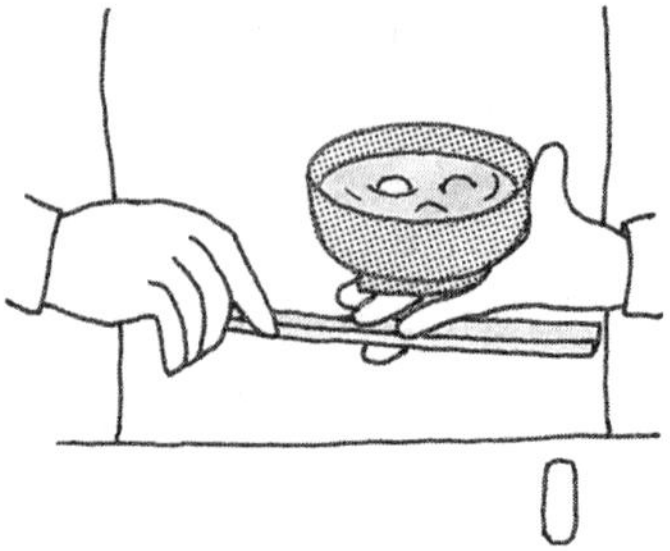

壱

**器と箸を一緒に持つ①**
**器を先に持つ**

最初に器を両手で持ち、それから左手だけで器を持ち支えます。右手で箸を取ったなら、左手の中指を浮かせて、箸中央をはさみます。

弐

**器と箸を一緒に持つ②**
**箸を持ちなおす**

右手を返し、下から箸を持っているような形にします。正しい位置、持ち方に箸を持ち替えて、はさんでいた左手からはずします。

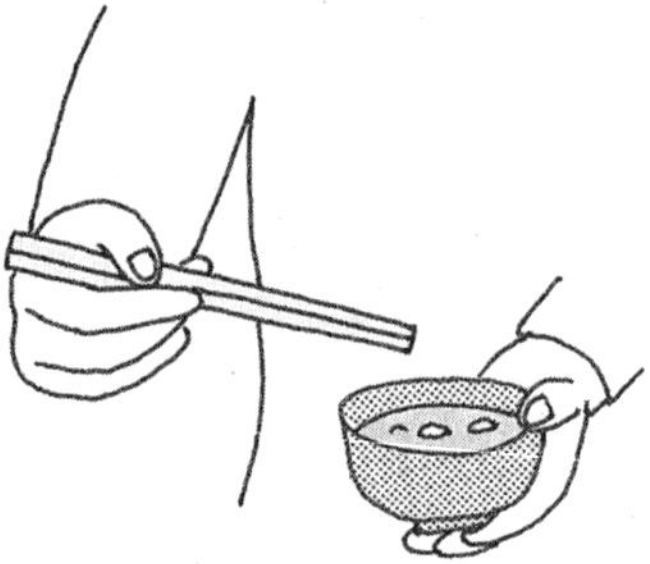

# 割り箸の正しい扱い方

割り方や食後の始末などにもルールがあります

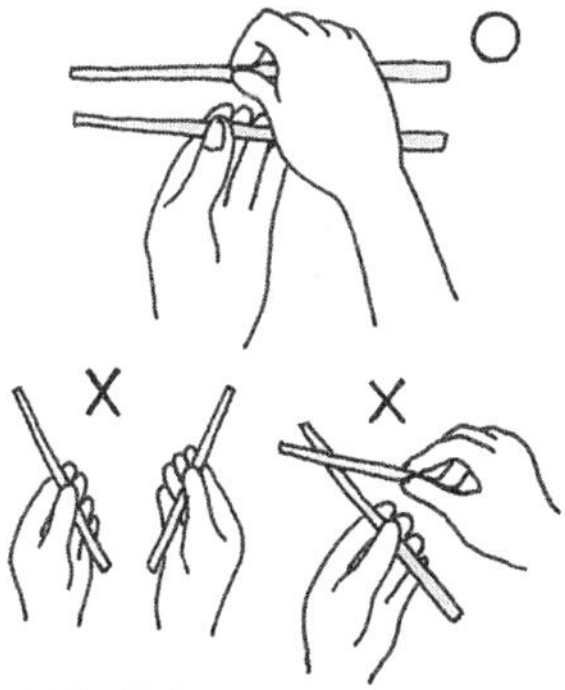

**正しく割り箸を割る**

割り箸は横に。箸先を左側にして、下を左手で支え、右手で上下に割ります。割り箸を縦に持って左右に割る＆割りばしを割った後、箸をこすり合わせるのはタブー。

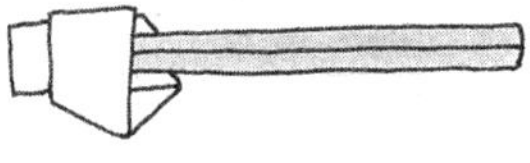

**食後に箸を置く**

割り箸は食後、箸袋を千代結びし、その中に箸先を入れます。汚れた箸先を見せない・触れさせないという気配りです。箸先は左側にしましょう。

## 嫌い箸一覧

箸使いには「無作法なので避けるように」と、名をつけられたものがいくつかあります。注意しましょう。

| | | |
|---|---|---|
| ……不吉です | 拾い箸 | 箸から箸へと、直接食べ物をやりとりすること。これでは葬儀の「お骨上げ」と同じです！ |
| | 突き立て箸 | ご飯に箸を突き立てること。別名「仏箸」。死者への枕飯になってしまいます。 |
| せっかくの料理が台無し！ | 探り箸 | お椀の中の料理を箸でかき回すこと。お椀の中も、盛り付けが考えられているはずなのに……。 |
| | 刺し箸 | 箸で料理を突き刺すこと。きれいに切られた素材もこれでは……。 |
| | 渡し箸 | 器の上に箸を渡してしまうこと。「もういりません」の意味が。食事途中の箸は、箸置きに置きましょう。 |
| | 空（そら）箸 | 一度箸をつけたのに、食べないこと。よほどまずそうだと思われます。 |
| 思わずうっかり！ | 涙箸 | 食べ物の汁をこぼしながら口まで運ぶこと。座卓がよごれることも。 |
| | 寄せ箸 | お皿を箸で引き寄せる、押し出すなどすること。箸は置いて、手でしましょう。 |
| | 紅箸 | 箸の先が口紅で汚れること。食事の前に、軽く口紅を押さえておくのを忘れずに。 |
| それはとても下品！ | 押し込み箸 | 料理を口にほおばって、箸で押し込むようにすること。一回に口に入れる量は少なめに。 |
| | かき箸 | 料理を箸でかきこむこと。ガツガツした印象です。 |

| | | |
|---|---|---|
| それはとても下品！ | ねぶり箸 | 箸先をなめること。箸は、なめるものではありません。 |
| | せせり箸 | 箸を爪楊枝のように、使うこと。歯にはさまったものは、食後に口元を隠して楊枝を使って取りましょう。 |
| | 振り上げ箸 | 食事中に箸で人を指す、呼ぶなど、箸を振り回すこと。箸はおいて、声をかければよいことです。 |
| | 叩き箸 | 箸で器を叩くこと。箸も器も、楽器ではありません。 |
| 大人らしく振舞って！ | にらみ箸 | 箸を持ったまま、どれにしようかとお膳の上をにらむこと。もっと余裕のある大人の態度を。 |
| | 重ね箸 | 同じ料理ばかり食べること。子供っぽく、幼稚な印象です。 |
| | 迷い箸 | お皿の上を箸でうろうろ。こっちのほうがいいかなあと、迷うこと。どれも美味しくいただきましょう。 |
| | 握り箸 | 箸を正しく持たず、握ったように持った様子。箸使いの基本をマスターしましょう。 |
| | 横箸 | 箸をスプーンのように使ってしまうこと。幼児が箸を使い始めるころのようです。 |
| | 食いつき箸 | 箸先を口にくわえたまま、器を手で持つこと。大人なら、しないのが常識。 |

# お吸い物をいただく

椀の扱い方は、お味噌汁と共通です

## ふたを取ったら、まず御汁を味わって

お吸い物（お椀）は、お酒の肴《さかな》となるもの。ごはんのお供の味噌汁とは意味合いが異なりますが、器の扱い方は同じです。

お吸い物の第一のマナーは、さめないうちに早く食すること。ふたつきの器は、「熱いうちにどうぞ」というメッセージです。

まずふたを取り、器を持っていただきましょう。先にお汁を吸ってから実を食べるのが正式。食べ終わったら、ふたを元に戻します。裏返すと、器が傷む危険もあるので避けてください。

壱

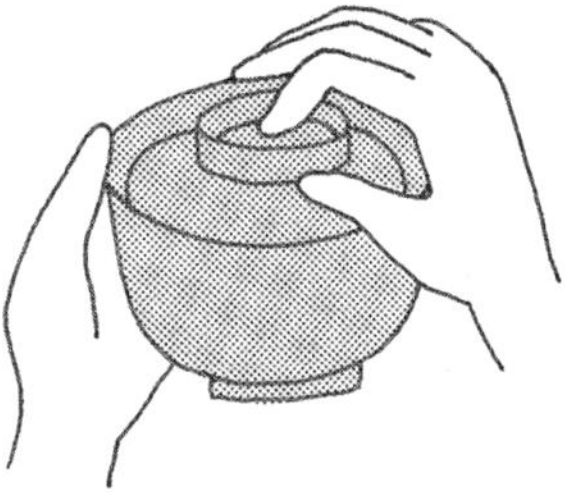

### 器のふたを取る

ふたは左手で椀を押さえ、右手の親指と人差し指でつまんで取ります。椀の上で縦にして水滴を落とし、器が右側にあったらその右に、左ならその左に裏返して置きます。食べ終わったら、少しずらしてふたをして。

弐

### お吸い物をいただく

左手で糸底をささえ、右手を椀に添えます。左手の親指が器の内側へ曲がらないように注意しましょう。吸い物は、中身をかき回しながら食べるのは無作法。静かにいただきましょう。

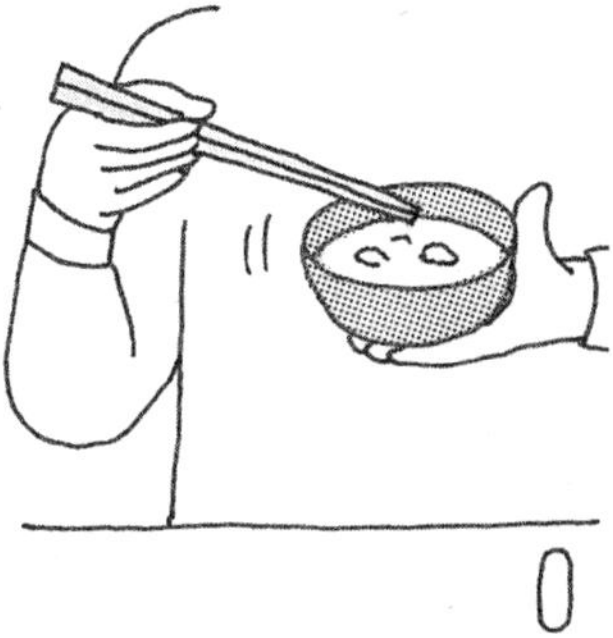

# お刺身をいただく

わさびやショウガはどうしたら？
食べる順番はあるの？

## 本わさびは醤油に溶かず、風味を楽しんで

お刺身を口にする前に、穂ジソは手でしごき、薬味やショウガはそのままおしょう油皿に入れます。本わさびは、直接刺身の上につけて口に運べば、本わさびならではの香りが楽しめます。

おしょう油をつけたお刺身は、「涙箸」（１２４ページ）になりやすいので、おしょう油皿を手でとって胸元まで持ってきます。

味の薄い白身から濃い赤身へ食べ進め、別の刺身を食べる前にはツマを一口。口がさっぱりして、鮮明な風味を味わえます。

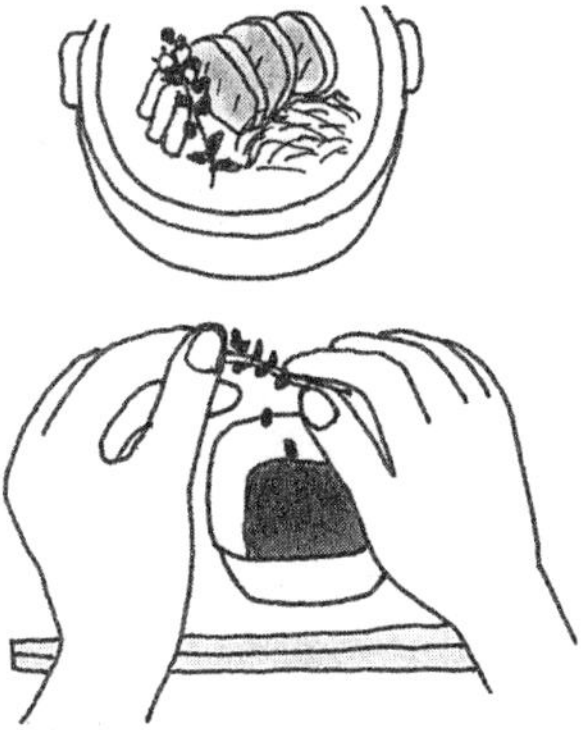

### 穂ジソをしごく

しょう油皿の上で、穂ジソの根元を左手で持ち、右手の親指と人差し指でこそげ取るようにします。急ぐと飛び散るので、慎重に。

### 細作りは つけしょう油をかけても

サヨリなど、細く切ってあるお刺身は、最初にわさびなどをしょう油に溶き、お刺身に直接かけていただいてもかまいません。

# ご飯とお味噌汁をいただく

白いご飯とお味噌汁。セットで品よくいただくコツを伝授

## 最初はお味噌汁？　それともご飯？

会席料理などの最後には、ご飯とお味噌汁が供されます。ご飯、お汁とともに香の物も。かつて香の物は奈良漬や沢庵《たくわん》などが用いられてきましたが、現在はお漬物全般が供されるようになりました。

なお、日本古来の礼法はご飯を先にといわれますが、先に箸をお汁で濡らしてからのほうが、箸にご飯がつきにくくてよいとも。迷ったときには、年長者の方式に従う、お店の方に聞く、いっそ話題にあげてしまうのも一案です。

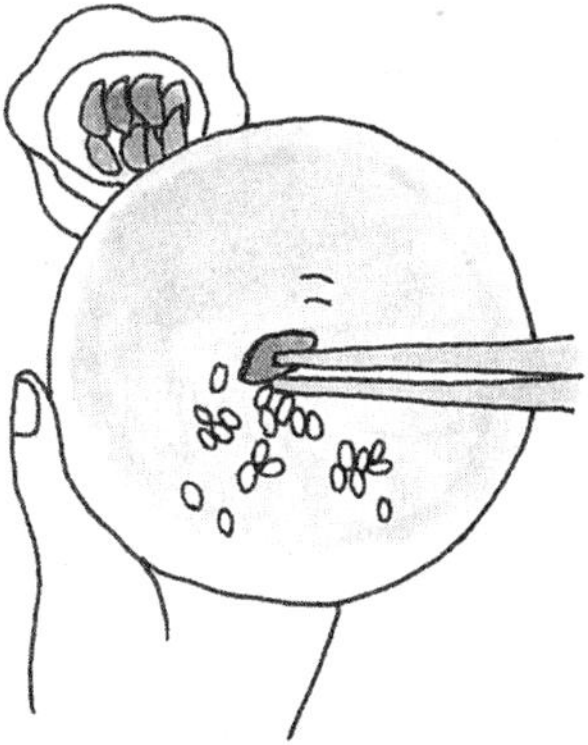

### ご飯がお茶碗にこびりついてしまったとき

ご飯をお茶碗の中で集めるとき、こびりついた米粒を取るようにしましょう。香の物を使って、集めるようにするのも手です。

### ご飯のおかわりをお願いするとき

ご飯をおかわりするとき一口残すべき？　それよりも、おかわりするお茶碗は両手で差し出し、両手で受け取る、いったんお膳においてから食べ始める、といった決まり事を覚えておくとよいでしょう。

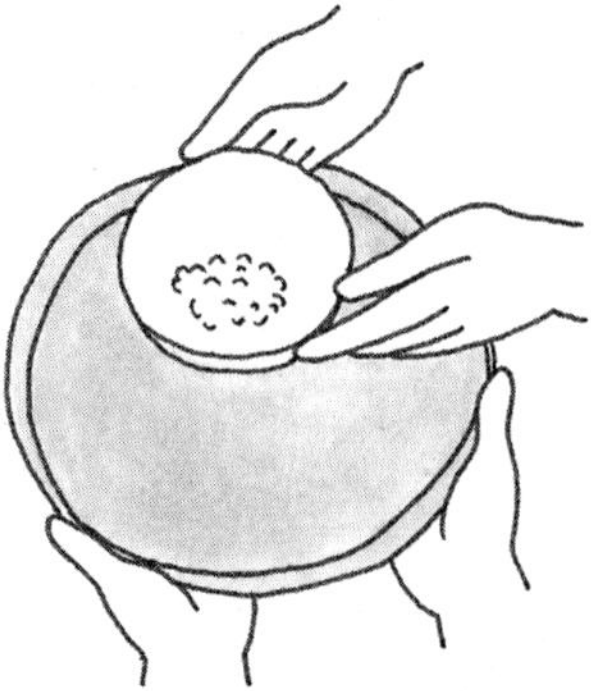

迷いがちな和食作法①

## 焼き魚・茶碗蒸し

焼き魚はどこから食べ始める？
茶碗蒸しの器は持つべき？

### 焼き魚は裏返さず食べる

焼き魚は中骨より上の身を左から右に食べます。次に中骨より下の部分を左から右へ。食べ終わったら、頭を懐紙で押さえ、骨の下に箸を入れて身と骨をはずし、骨は器の上部へ移動させ下の身を食べます。身を裏返さないこと。

### 茶碗蒸しの大きな具は箸で取ってもＯＫ

スプーンがついてきますが、大きな具材はお箸で取りましょう。

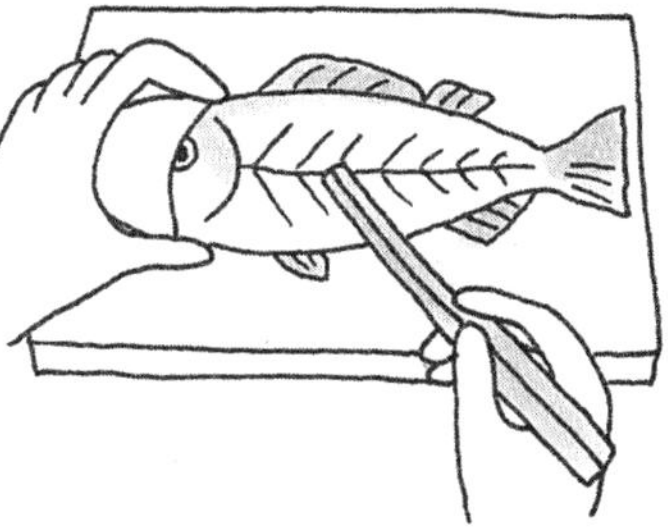

## 焼き魚の骨をはずす

懐紙で魚を頭を押さえます。懐紙がないときは左手を使い、骨をはずし終わった後に、おしぼりで手を拭きます。

## 茶碗蒸しは器を持って食べる

茶碗蒸しは、さじからこぼれないよう、口元近くに持って食べて。最初にふたを開けてから、熱いときは懐紙やハンカチにくるんで、または、受け皿ごと持ってもかまいません。

迷いがちな和食作法②

# 土瓶蒸し・鍋もの

土瓶蒸しのスダチはいつ絞ればいい？　鍋の具はどこから取る？

## 土瓶蒸しはまず御汁を味わって

最初に、お猪口《ちょこ》に汁を注いで、最初に汁を味わいます。次に、土瓶の蓋を開けてスダチを絞り、中の具をいただきましょう。

## 鍋ものは自分の手前から食べる

大人数でつつき合う鍋料理は、自分の好きなものばかり取らないことが、大切なマナー。自分の手前の具から、順に取っていきましょう。すると、自然にさまざまな具材をいただけます。

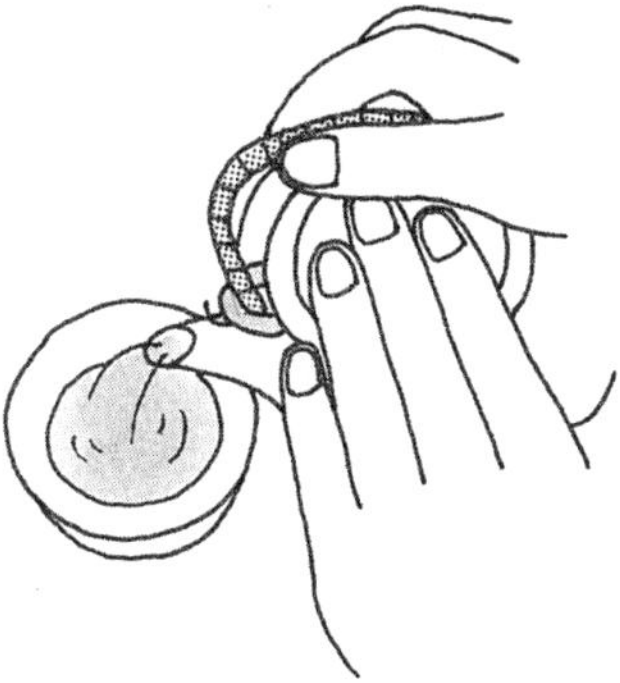

### 土瓶蒸をいただく

お猪口を左手前に置き、土瓶の蓋を押さえながら御汁を注ぎます。土瓶の中の実は、ひとつずつお猪口に取っていただきます。

### 鍋ものの豆腐は箸で取らない

鍋ものの多くには、お豆腐が入っていますが、お豆腐は崩れやすく、崩れると鍋の汁を汚してしまいます。億劫がらず、豆腐すくいを使いましょう。

迷いがちな和食作法③

# 寿司・丼もの

お寿司は手で食べたほうがよい？
天丼の海老は噛み切ってもいい？

## お寿司は職人の技も味わって

手で食べても箸で食べてもＯＫですが、寿司職人の技をそのままいただくのが肝心。ネタだけはがしてしょう油に浸すのは失礼です。

## 丼物はご飯とお箸で美しくいただく

カツ丼、親子丼、天丼などの丼ものはかきこまず、お箸で一口ずついただきます。天丼の海老など、大きなものは噛み切ってもかまいません。噛み口を手前に、同席している人に見えないよう配慮を。

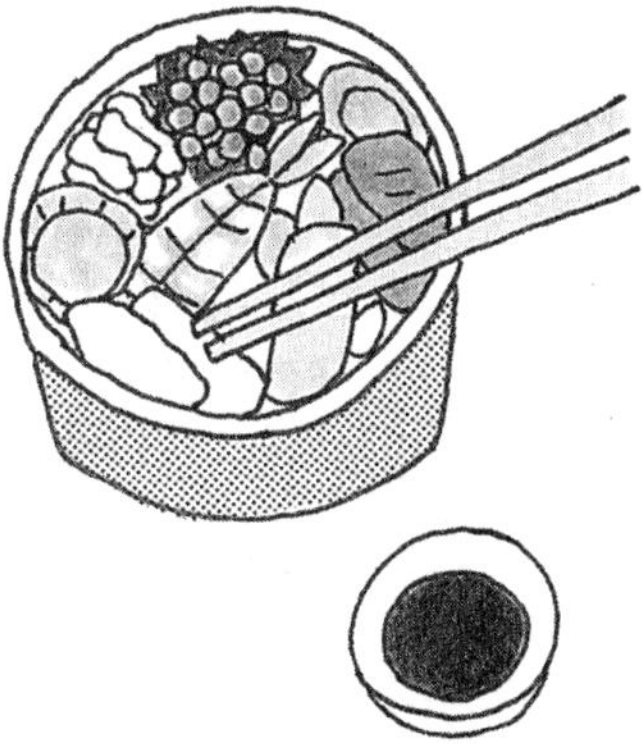

### 散らし寿司をいただく

しょう油は上からかけません。淡泊なネタから順に、わさびをのせてしょう油皿へ。ネタを食べた後はご飯と、交互に。

### 丼ものは丼を手に持っていただく

丼は大きくて重いのですが、必ず手に持って食べましょう。置いたままだと、下を向いたまま食べる姿、「犬食い」になってしまいます。

## 「有終の美」キレイに食べ終わる

食事中がよくても、食事後の風景が悪いと…

**できるだけ、食べ残しは避けて**

食べ残すのは、原則としてマナー違反です。「残してごめんなさい」と、同席の人、お皿を下げに来た人に言い添えましょう。

**食事後の風景を美しく**

お皿の景色はもとより、最後まで楽しい時間を過ごすことが大切です。食通よろしく料理の批判を声だかにする、相手の作法を非難する、自分の作法のよさをひけらかすなどは控えましょう。

### 骨や皮を残すとき

中央よりやや上にきれいにまとめましょう。レモンやかいしき（食べ物の下に敷く木の葉）、懐紙などで隠すと○。

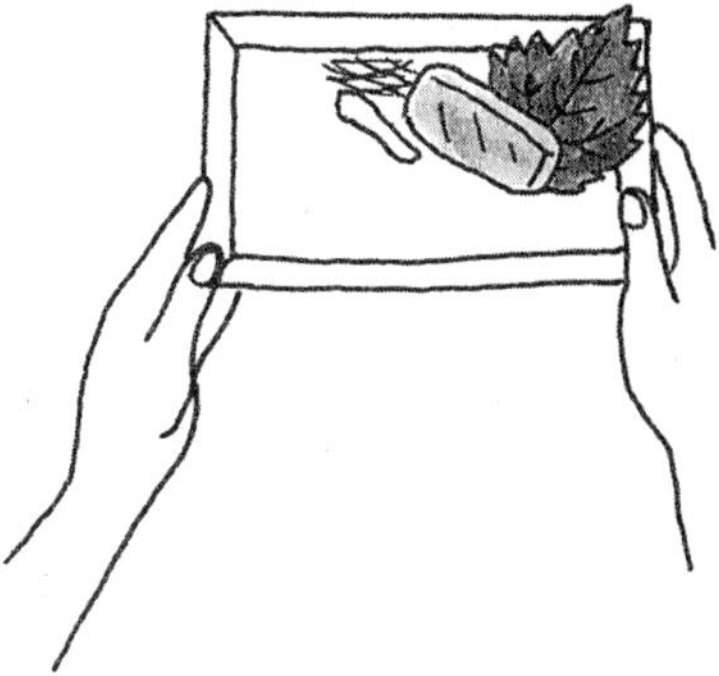

### 料理を残すときの気配り

やむを得ず残すときには、それとわかるよう、お膳の前に出しましょう。器を下げていただく時、一言添えるのを忘れずに。また、ご飯は米粒を器に残さないように注意して。

# お酒をいただく・お酒を注ぐ

酒席では、礼にかなった振る舞いをお忘れなく

## 酒は飲んでも飲まれるな

……という金言通り、お酒はほろ酔い程度に楽しんで。もう飲めないときは、お猪口《ちょこ》やコップに指で軽くふたをするしぐさを。

## お酌は杯が乾いてから

日本酒でもビールでも、すっかり飲み干されたときを見計らって、「いかがですか？」とお聞きします。注ぎ足しは、お酒の味を損ねますから控えましょう。

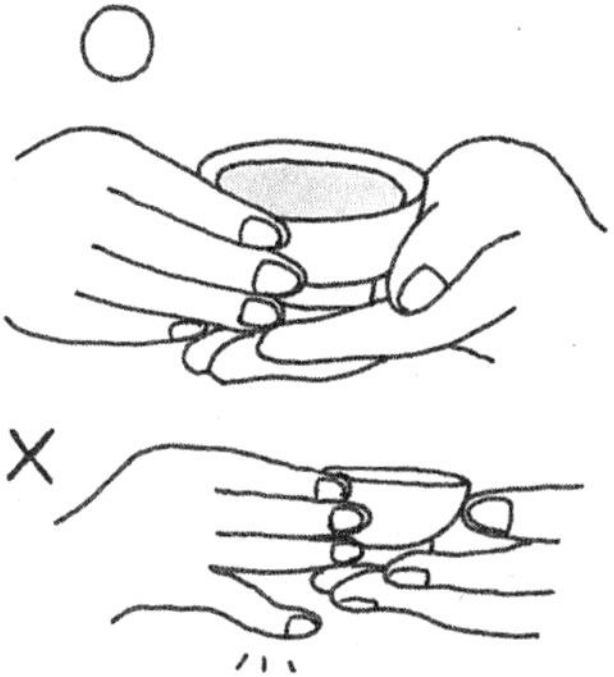

### お猪口を持つ

女性の場合、お猪口は両手で持つと優雅。お酌されるときも、このスタイルで。小指を立てるのは、下品に見えるので要注意。

### お酒を注ぐ所作

日本酒のお酌は四本の指をそろえ、徳利の上は右手、下は左手で挟みます。ビールはラベルが上になるようにして、ビンの端を持ちます。左手はそろえて、ビンの下を支えます。

# お茶とお菓子をいただく

相手方の気持ちに寄り添って

## 「ふとした無礼」に気をつけて

「日本茶とコーヒー、どちらがよろしいですか？」と聞かれたとき、「コーヒーでいいです」と答えがちですね。しかし「で」に、「まあ、どっちでもいいけど」のニュアンスが伝わります。「コーヒーをお願いします」など、感謝を込めて答えたいものです。

また、懐紙は持っていると、とても便利。残ったお菓子を包んで持ち帰れたり、買ってきた和菓子を懐紙の上にのせたり…。おせんべいは、いったん懐紙やティッシュに包んで手で割ると安心です。

### 日本茶をいただく

左手で茶碗を軽く押さえて、ふたを取り、茶碗の上でしずくを切りましょう。ふたは、裏を上向きにテーブルに置きます。

### 和菓子をいただく

軽く皿を押さえ、左側から黒文字で一口ずつ切って。小さな和菓子で、黒文字などが添えられていないなら、手で食べても可。

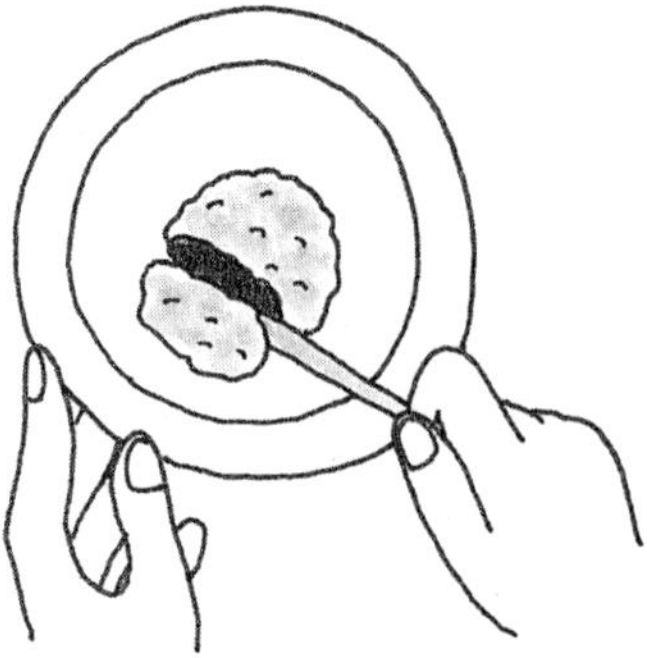

# お抹茶をいただく

正式な作法を知らなくても、堂々と振る舞えるツボ

## お抹茶は茶碗を回すのがコツ

お抹茶を出されて、内心はドキッとした経験のある方は、多いのでは？

お抹茶をいただくとなると、茶道の作法。普通のお茶をいただく方法とは違った、独特の所作があります。流派もありますので、本書では、もっともシンプルな方法をご紹介しましょう。

お抹茶茶碗を回す方法を覚えておくと安心です。お茶碗を回すのは、正面に口をつけないため。お茶碗のいちばん美しいところ避け

るという奥ゆかしい気持ちのあらわれです。

## 「作法はよく知りません」と告げる

茶道に精通していないのであれば、まずそのことをお断りします。いただく前に、「心得がありませんで……」などの一言を。知ったかぶりするよりも、礼にかなっていますし、間違った作法を行っても、大目に見てもらえそうです。

## 茶器を傷つけるアクセサリーははずす

お茶のお道具類は高価なものが多く、その家々で大切になさっている品も多いでしょう。

万が一にも傷つけることがないよう、長いネックレス、ブレスレット、指輪、時計などの貴金属ははずしておくのがマナーです。

# お抹茶をいただくときの基本的な所作

物おじせず挑戦してみて

## 壱

### お抹茶茶碗を持つ

いただく前に一礼。右手で茶碗をとって、左手の手のひらにのせます。その形で、目の高さ程度に、おしいただきます。

## 弐

### 茶碗を回す①

正面を避けて口をつけるため、茶碗は時計回りに、最初に向かって右にあった部分が、手前に来るように回します。

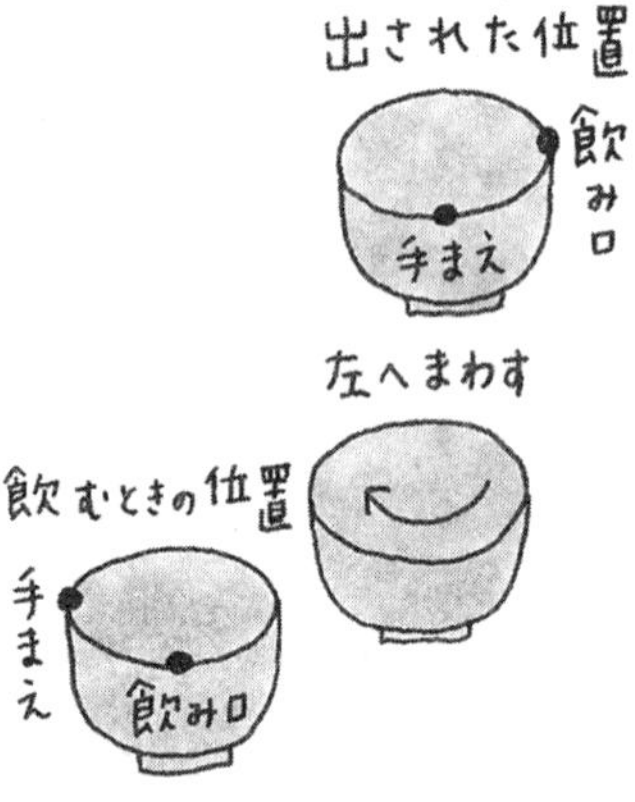

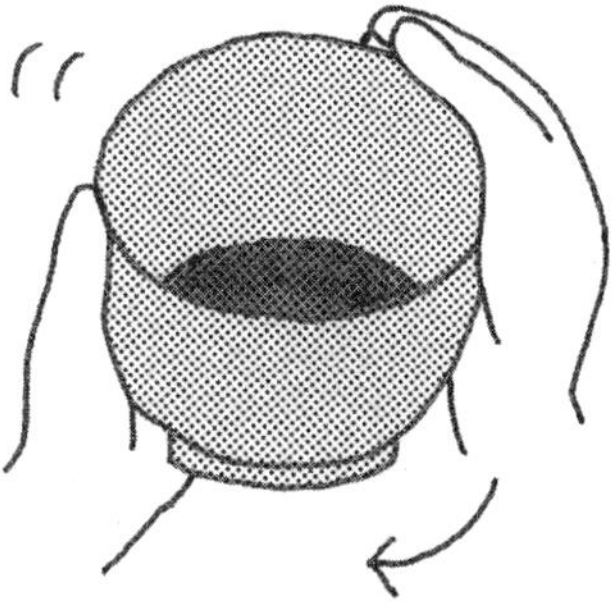

参

## 茶碗を回す②

お茶碗を回すときは、右手を使います。2回、回したら、飲み口が手前にくるようにします。

四

## お抹茶をいただく

3口半で飲み干すようにします。最後の一口は、音を立てて飲みきります。最後に親指と人差し指でぬぐい、逆回しにして相手のほうに茶碗の正面がくるようにします。最後にお礼を。

コラム

# お抹茶を点《た》てる

自宅で「和カフェ」してみませんか？

## ●用意するもの

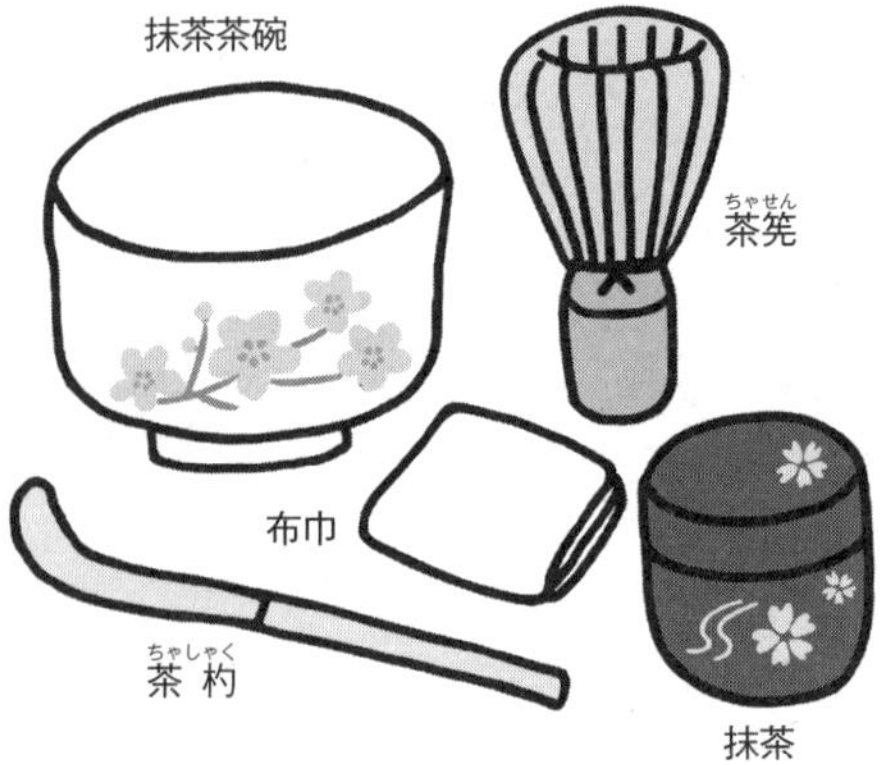


①茶碗に茶筅を入れお湯を注ぎ、しっかり温めます。
②お湯を捨て、布巾で拭きます。
③抹茶を茶杓で2杯分、投入。
④熱湯を80～１００cc注ぎます。
⑤茶筅を縦方向に小刻みに動かし、泡が立ってきたら、最後に「の」の字を書いて、茶筅を引き抜いて。

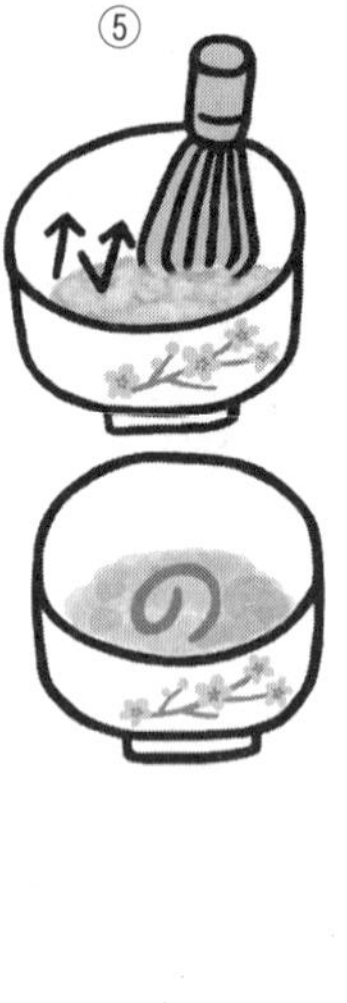

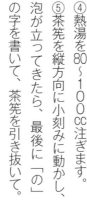

# 第四章
# 社交の心得

人は一人では生きていけません。
日本人はそのことを深く理解し、冠婚葬祭をはじめとする
人づきあいを大切にしてきたのです。

SOCIALIZING

# 結婚式に参列する

結婚式の招待状が届いたら、
すばやく温かい対応を心がけて

## 結婚式当日までにすべきこと

披露宴や挙式への招待状が届いたら、すぐに返信はがきを返します。やむを得ず欠席する場合は、返信はがきにその旨お詫びして、返送します。その後、結婚式の一週間前くらいに届くように結婚祝いをお送りしましょう。

お祝いのお金を郵送する場合は、必ず祝儀袋に入れて、現金書留でお送りしましょう。その際は、新札を用意するのが礼儀ですが、祝儀袋に入れず現金をそのまま送りつけるのはマナー違反です。

# 返信はがきの書き方

手書きでひと言祝辞を添えて！

ご結婚おめでとうございます。
御出席 喜んで出席させていただきます。
お招きいただきありがとう存じます。
御欠席

どちらか○でお囲みください

御住所 東京都新宿区若松町十二
御芳名 島村由香子

**招待状の返信**
**出席の場合**

表面の宛名は、「行」や「宛」の字を定規で二重線を引き、そのそばに手書きで「様」と書き足します。裏面の「御」「芳」なども同じく二重線で消します。何か一言お祝いを書き添えると喜ばれます。

ご結婚おめでとうございます。
御出席 せっかくのお招きですが残念ながら
都合により伺うことができません。
御欠席 なにとぞご了承ください。

どちらか○でお囲みください

御住所 東京都新宿区若松町十二
御芳名 島村由香子

**招待状の返信**
**欠席の場合**

欠席の理由が仕事や法事などの場合、「都合により」「やむをえない事情で」など、ぼやかして書きましょう。そして、お祝いの品や金封は別送し、当日は祝電を送りましょう。

## 気をつけたい忌み言葉

| シーン | 忌み言葉 | なぜ? |
|---|---|---|
| 結婚 | 去る・別れる・終わる | 離婚を彷彿とさせるため。 |
| | 切れる・破れる・薄い・浅い | 「縁」「結びつき」にとってよくない言葉。 |
| | 帰る・返す・戻る・出る | 「実家に戻ってくる・婚家を出る」ことを連想するため。 |
| | 飽きる・滅びる・苦しい・壊れる・褪せる・冷える・嫌う・とんでもない | 夫婦の不仲を連想するため。 |
| | 再び・また・重ねて・再三再四・幾重・皆々様 | 重なりを示す表現から「再婚」を連想するため。 |

| | | |
|---|---|---|
| 葬儀 | 追う・追って | 「後追い」を連想して不吉。 |
| | 再び・また・重ねて・再三再四・幾重 | 悲しみが繰り返されることを避けるため。 |
| | 死亡・生存・生きているころ | 生と死に関する直接的な表現は避ける。死亡＝「ご逝去」、生存＝「ご生前」、生きているころ＝「お元気なころ」。 |

### ■重ね言葉～結婚・お悔やみ・お見舞いのときは、ご用心！

| | | |
|---|---|---|
| 重ね言葉 | 返す返す・しばしば・ますます・いよいよ・たびたび・ときどき・くれぐれも……など | 度重なることを暗示するために避ける。 |

コラム

## 結婚式当日のトラブルQ&A

急な遅刻や欠席はどうしたら？

### 身内で急な不幸が…当日の欠席を知らせるには？

慶事と弔事が重なったら、弔事を優先するのが大人のルール。

近い親族の不幸の場合、式場に連絡し、招いてくれた家の関係者にその旨を知らせ、結婚式は欠席します。後日、新郎新婦にはお詫びと事情の説明をしましょう。

故人が知人程度の関係ならば、結婚式や披露宴の直前キャンセルせずにすむ方法を模索します。昼間は披露宴、夜は通夜に行くなど工夫してみてください。

### 電車が遅延…披露宴に遅刻しそうなときは？

すぐに結婚式場に電話。「○家披露宴に出席する△ですが、電車が止まってしまい遅刻します」。

式場に到着したら、会場係の方に事情を説明し、どのタイミングで入ったらよいか指示を仰ぎます。

## 和の数字講座

日ごろ使い慣れた数字から、文学的にも聞こえる数まで。知っておくと、言葉の表現も広がりそうですね。また「大字（だいじ）」は、祝儀・不祝儀袋の中袋に書く数字。

一般的に太字でしめした「数字」がよく使用されますので、覚えておくと便利です。

| 漢数字 | 読み | 数量 | 大字 |
|---|---|---|---|
| 一 | いち | 1 | **壱** |
| 二 | に | 2 | **弐** |
| 三 | さん | 3 | **参** |
| 四 | し・よん | 4 | 肆 |
| 五 | ご | 5 | **伍** |
| 六 | ろく | 6 | 陸 |
| 七 | なな・しち | 7 | 漆 |
| 八 | はち | 8 | 捌 |
| 九 | きゅう・く | 9 | 玖 |
| 十 | じゅう | 10の1乗 | **拾** |
| 百 | ひゃく | 10の2乗 | 佰 |
| 千 | せん | 10の3乗 | 阡 |
| 万 | まん | 10の4乗 | **萬** |

| 漢数字 | 読み | 数量 |
|---|---|---|
| 億 | おく | 10の8乗 |
| 兆 | ちょう | 10の12乗 |
| 京 | けい | 10の16乗 |
| 垓 | がい | 10の20乗 |
| 秭 | じょ | 10の24乗 |
| 穣 | じょう | 10の28乗 |
| 溝 | こう | 10の32乗 |
| 澗 | かん | 10の36乗 |
| 正 | せい | 10の40乗 |
| 載 | さい | 10の44乗 |
| 極 | ごく | 10の48乗 |
| 恒河沙 | ごうがしゃ | 10の56乗 |
| 阿僧祇 | あそうぎ | 10の64乗 |
| 那由多 | なゆた | 10の72乗 |
| 不可思議 | ふかしぎ | 10の80乗 |
| 無量大数 | むりょうたいすう | 10の88乗 |

# ご祝儀袋の書き方

慶事のお祝いをお包みする、ご祝儀袋の表書きと中袋を書く

## お祝いの場合は、黒々とした墨で書く

ご祝儀袋の表書きや中袋は、毛筆や筆ペンを使って書くのがマナーです。ボールペンや万年筆は使わないようにしましょう。

お祝いでは、濃い墨ではっきりと書きます。「漢数字」や「万」は、「大字」と呼ばれる旧字体を使って（155ページ参照）。

なお、外国人の名前や、会社名・部署名が外国語やアルファベットの場合は、カタカナにします。どうしてもカタカナにできないならばアルファベットのまま、横書きではなく縦書きで記しましょう。

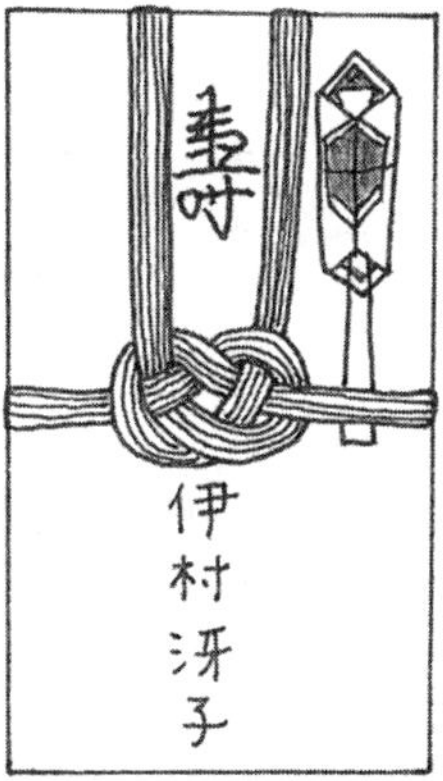


**祝儀袋の表書**

濃い墨で自分のフルネームを記入。夫婦や友人など連名の場合は、中央に大きく夫もしくは代表者、その左側に妻、その他の友人の名を。

また上包みは、慶事なので下部を上にかぶせて「幸せがこぼれぬように」。

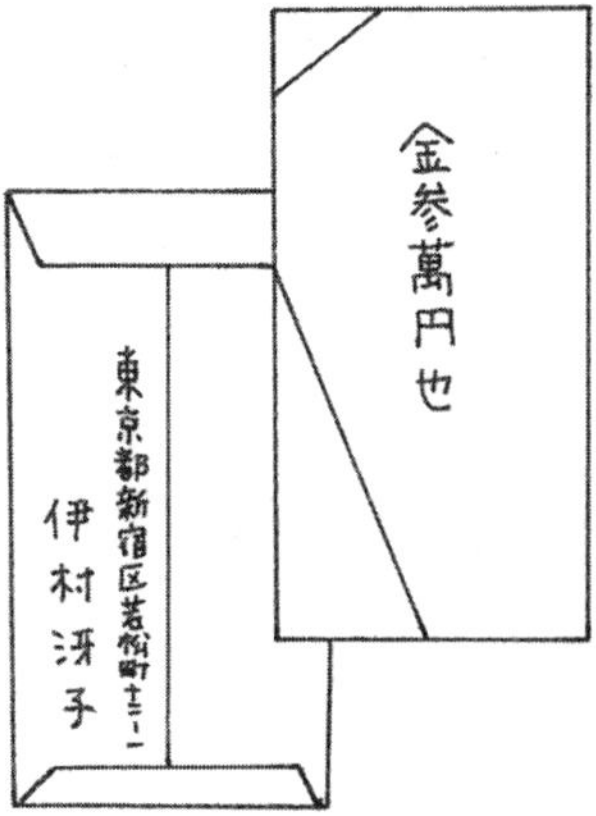


**中包みの書き方**

新札を用意して中包みに入れたら、表に包んだ金額を書きます。「一」を「壱」と書く大字を使用するとよいでしょう。裏面の左側に小さく、住所氏名を明記。

# 不祝儀袋の書き方

葬儀や法事などで用いる不祝儀袋は、薄墨で悲しみを表現

## 慶事とは異なる決まり事を守ることが大切

弔事は突然起こるものです。普段から不祝儀袋や薄墨の筆ペン、袱紗や礼服など、一式用意しておくと安心です。

不祝儀袋は、どんな宗派の方でも共通で使える「御霊前」にしておくと安心です。薄墨の筆ペンで、名前（フルネーム）を記入してください。また、お札の顔の方を下に向けて入れた後、不祝儀袋の包み方に気を付けて。必ず上側を下側にかぶせるのが作法です。慶事とは逆になりますので、間違えるととても失礼になります。

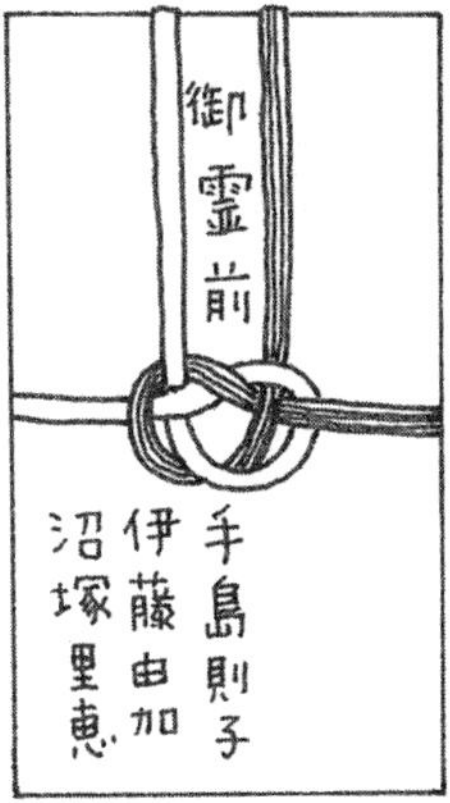


壱

### 不祝儀袋の表書

１人の名前を書く場合は、p.157を参照。２人～３人の連名なら、目上の人を中央に、その左側に順に名を連ねて書きましょう。４人以上の場合、代表者の名前の左隣に「外一同」と明記。

弐

### 中包みの書き方

封筒裏の右側に金額を、左には住所と名前を墨で書いて。新札は「事前に用意していた」と思われるとされ、避けたほうが無難。用いるときには、半分に折ってから入れると安心です。

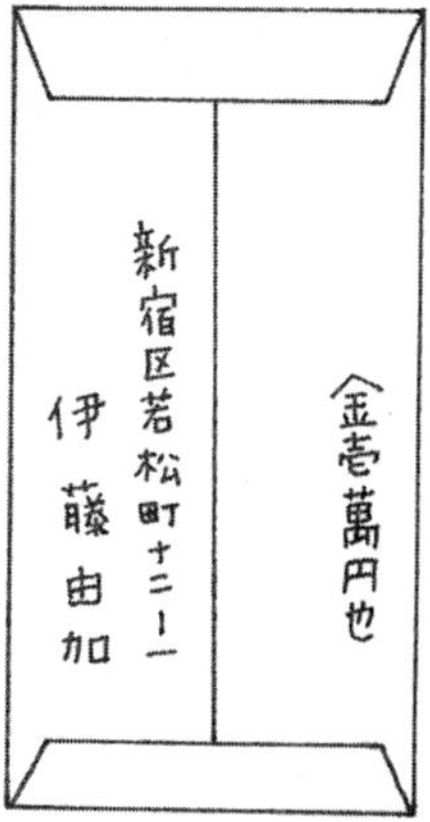

| 状況や時期 | | 代表的な表書 |
|---|---|---|
| 葬儀・法要 | 葬儀や通夜 | 御霊前 |
| | お盆供養 | 御供 |
| | 法要（仏式） | 御仏前 |
| お見舞い | 病気療養中の方へ | 御見舞 |
| | 天災や火災などで被災なさった方へ | 御見舞 |
| | 厄年の方へ | 厄除け祈願 |
| 寄付 | 職場や学校などに品物を寄付する時 | 寄付 |
| | 神社に品物を寄付する時 | 奉納 |
| | お寺に品物を寄付する時 | 寄進 |
| 季節の挨拶 | 年末（12月13日～25日ごろまで） | 御歳暮 |
| | 年始（1月1日～7日ごろまで） | 御年賀 |
| | 冬（立春・2月4日ごろまで） | 寒中御見舞、寒気御見舞 |
| | 7月1日～15日ごろまで | 御中元 |
| | 7月16日～立秋（8月8日ごろ） | 暑中御見舞、暑中御伺 |
| | 立秋～9月上旬 | 残暑御見舞、残暑御伺 |
| その他 | 手土産 | 粗品、松の葉 |
| | 帰省や旅行のお土産 | 御土産 |
| | 心づけ・チップ | 寸志、みどり |
| お返し | お世話になった方へ | 御礼 |
| | 慶事の御祝をいただいた方へ | 内祝 |
| | 香典返し | 志 |
| | 病気見舞いをくださった方へ | 快気祝（全快したとき） |

# さまざまな表書き一覧

| | 状況や時期 | 代表的な表書 |
|---|---|---|
| **慶事全般** | おめでたいとき | 御祝、寿 |
| **結婚** | 結婚式など | 御結婚御祝 |
| **出産** | 無事赤ちゃん誕生 | 御出産祝、祝御出産 |
| **成長** | 生後七日目 | 祝お七夜 |
| | 初めてのお節句 | 祝初節句、祝御初雛（女の子のみ） |
| | 満一歳の誕生日 | 初誕生、御祝 |
| | 七五三 | 七五三、御祝 |
| | 入園・入学 | 御入園祝、御入学祝 |
| | 就職決定 | 祝御就職 |
| | 成人式 | 祝御成人 |
| **長寿** | 長寿の祝い | 祝○、○御祝 ※○は「還暦」など(p189参照) |
| **新築・改装など** | 自宅や店の新築 | 御新築御祝 |
| | マンションや建売住宅の購入 | 祝御新居 |
| | 自宅や店の改装 | 御改築御祝 |
| **開店・開業** | 開店 | 祝御開店、祈御発展 |
| | 事務所や病院などを開いた | 祝御開業 |
| **転居** | 親しい人が転居する | 御餞（おはなむけ） |
| **人事** | 転勤で地位や肩書きが上がった | 祝御栄転 |
| | 仕事上の地位や肩書きが上がった | 祝御昇進 |
| | 職場を去る | 御餞別 |
| | 定年退職 | 記念品、御餞 |

コラム

# さまざまな水引の物語

祝儀・不祝儀で使い分けましょう

## 水引は飛鳥時代から日本に根付いていた

水引は、日本の贈答に欠かせないものです。その歴史は古く、飛鳥時代の遣隋使・小野妹子が帰朝した折、隋の答礼使《とうれいし》からの贈り物に、無事の航海を祈念した紅白の麻紐が結ばれていたことが起源ともいわれています。

室町時代には、水引をかける贈答方法が盛んに。江戸時代からは、目的別に水引を使い分けるようになりました。

## 慶弔さまざま 水引の色・種類・意味を知る

贈答品の包装には、慶弔いずれにも水引を使います。一般的なお祝い事は紅白、長寿や結婚のお祝いには金銀を。弔事は黒白、銀、黄色と白の場合もあります。

本数は5本が基本ですが、3本か7本などの奇数に。ただし結納や婚礼用の「夫婦水引」は「夫婦は2人1組」「両家が一つになる」として5本×2＝10本にします。

水引の結び方のルールも覚えておきましょう。

「蝶結び」は何度も結び直せることから結婚以外の一般的な慶事に用います。「結び切り」はたった一回きりで、今後繰り返すことのないように祈りを込めて、結婚祝いや弔事用。「あわじ結び」はオールマイティーに使用できます。

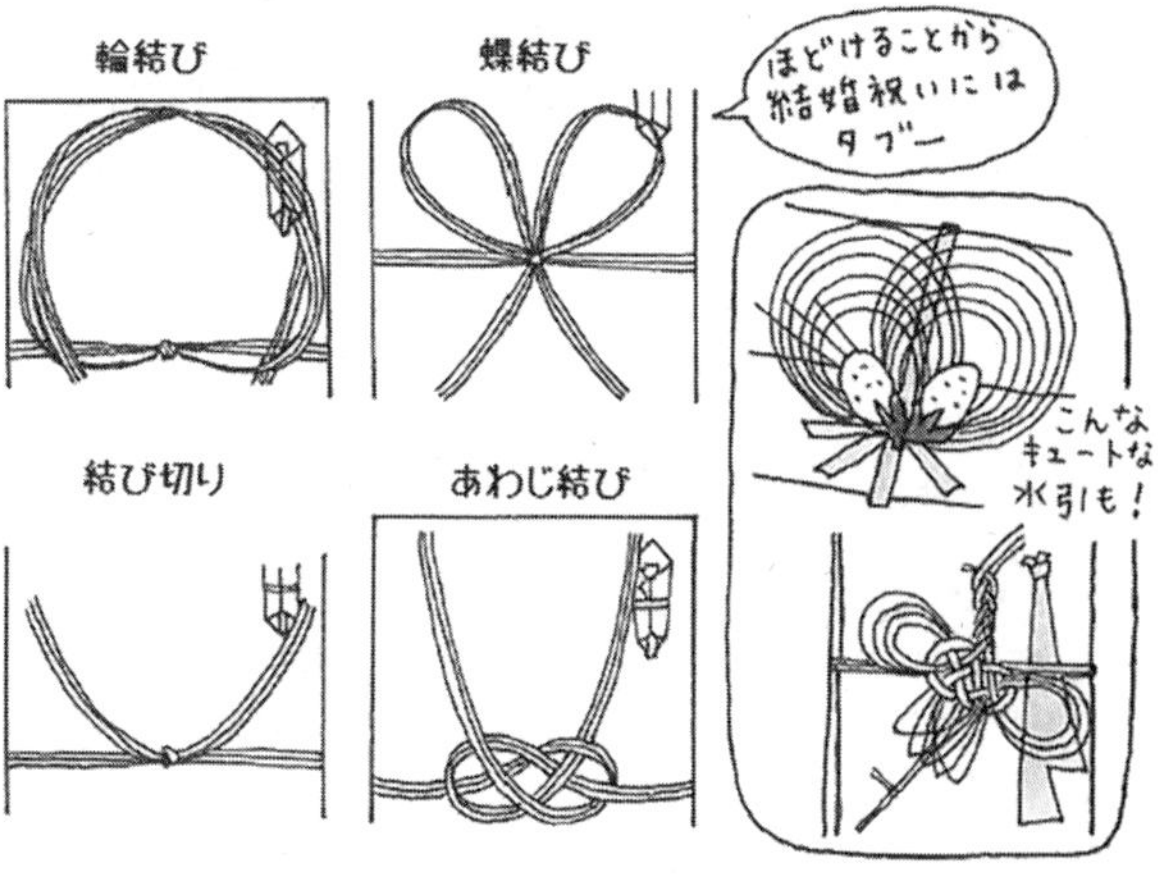

# 袱紗の扱い方

祝儀・不祝儀で包み方・開け方も違います

## 古い伝統をもつ袱紗を正しく扱う

和の社交の場で、欠かせないのが袱紗。かつて、大切な品やお金を白木の台に乗せて袱紗をかけ、差しあげたという贈答の伝統が、今も袱紗で金封を包む慣習として残っているのです。

袱紗は、祝儀と不祝儀で扱い方が違うので、重々注意しましょう。祝儀は、「幸せがこぼれない」よう、天地の下側である「地」を上にして、左右は右を上にするのが作法。開くときには、右手を使い、右側に向かって開きます。

不祝儀は、祝儀の所作のすべて逆です。天地は天を上に、左右は左を上に。開くときも左手を使って左側に向けて開けます。これらはすべて「常ならぬこと」を表現しています。

袱紗の色は、紫色、藍色、朱色など。紫色は慶弔両用できますが、朱色の袱紗は慶事の場合にのみに使います。

## 袱紗で包んだままお渡ししない！

また袱紗は、紙袋、風呂敷などと同じで、外からのチリやホコリから贈り物を守るためのもの。必ずとって、金封のみにしてお渡しします。

特に袱紗や風呂敷は、そのままお渡しすると「お返しを期待しています」というニュアンスを含んでしまいますから要注意！

# 間違えると大変！祝儀・不祝儀の袱紗の包み方・開け方

右側・右手は祝い事＝祝儀、左側、左手は弔事＝不祝儀で用います

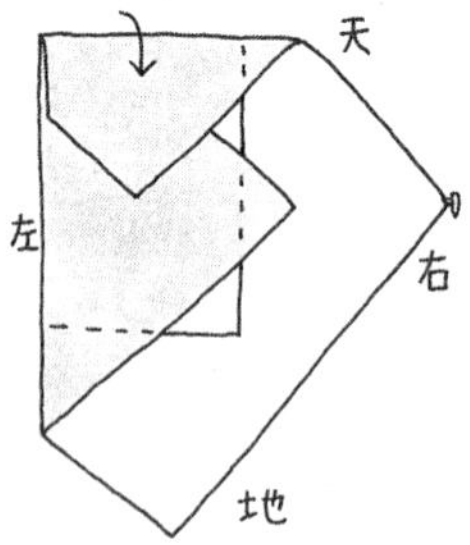


**袱紗の包み方・祝儀の場合①**

袱紗の表を下にして置き、その上に祝儀袋を。まず左を折り、次に天の部分を折り返します。

---

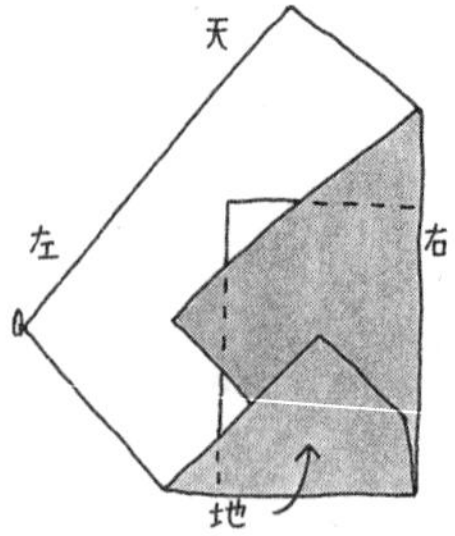


**袱紗の包み方・不祝儀の場合①**

袱紗の表を下にして置き、その上に不祝儀袋を。まず右を折り、次に地の部分を折り返します。

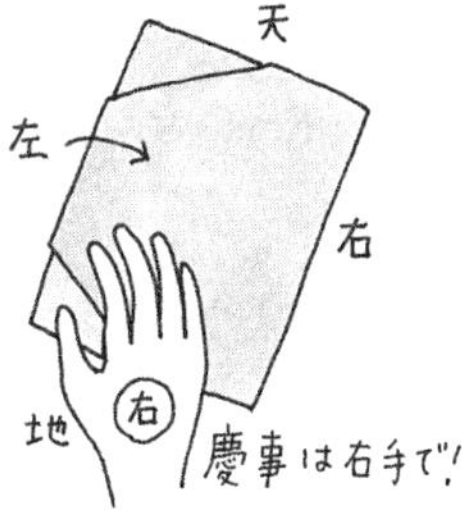


**袱紗の開け方・祝儀の場合**

右手を使い、右側に向かって開けましょう。袱紗のまま、お渡ししてはいけません。

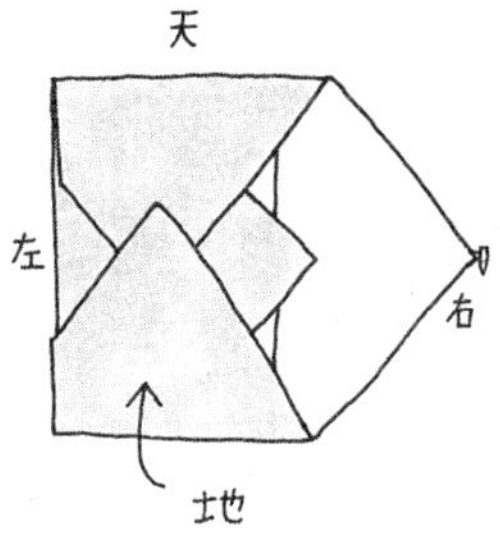


**袱紗の包み方・祝儀の場合②**

地の部分を上に折り上げたら、右を折り重ねます。右側のあまった布は、後ろに折りこみます。

**袱紗の開け方・不祝儀の場合**

左手を使い、左側に向かって開けましょう。左手を使うことで、「非日常」を意味します。

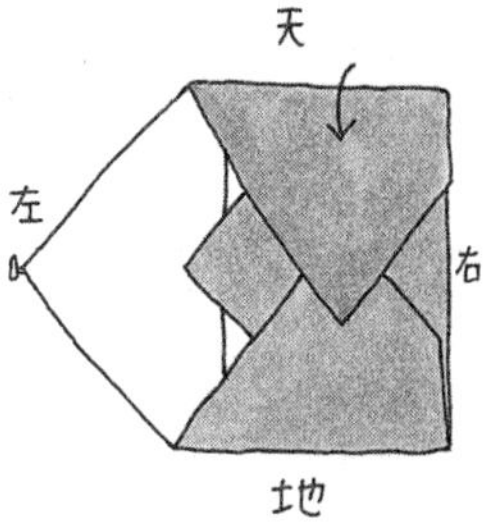


**袱紗の包み方・不祝儀の場合②**

天の部分を下に折り下げたら、左を折り重ねます。左側のあまった布は、後ろに折りこみます。

# 通夜・葬儀での振る舞い

突然の訃報の後、何をすべきか、何をしてはいけないのか

## 弔事にふさわしい姿で臨んで

宗派に関係なく、お弔いには喪服を着用して参列します。女性は、涙を意味する真珠と結婚指輪以外、アクセサリーははずしましょう。雨天のときの傘も黒に統一するのが礼儀です。

## 通夜・葬儀・告別式の立ち振る舞い

受付がある場合には、その前にコート類は脱ぎます。受付するときは「このたびはご愁傷様でございます」と一礼。ご香典は、「御

霊前にお供えください」の言葉とともに、ここでお渡しします。その後、会葬者芳名帳に記帳。一礼して、会場へ。

仏式では焼香しますが、その作法は宗派や地方によって異なります。わからないときには、年配者の作法を見てならって。また神式では「手水《てみず》の儀」と「玉串奉奠《たまぐしほうてん》」、キリスト教式では「献花《けんか》」が。いずれの場合も、前後にご遺族や遺影に向かって一礼を忘れずに。

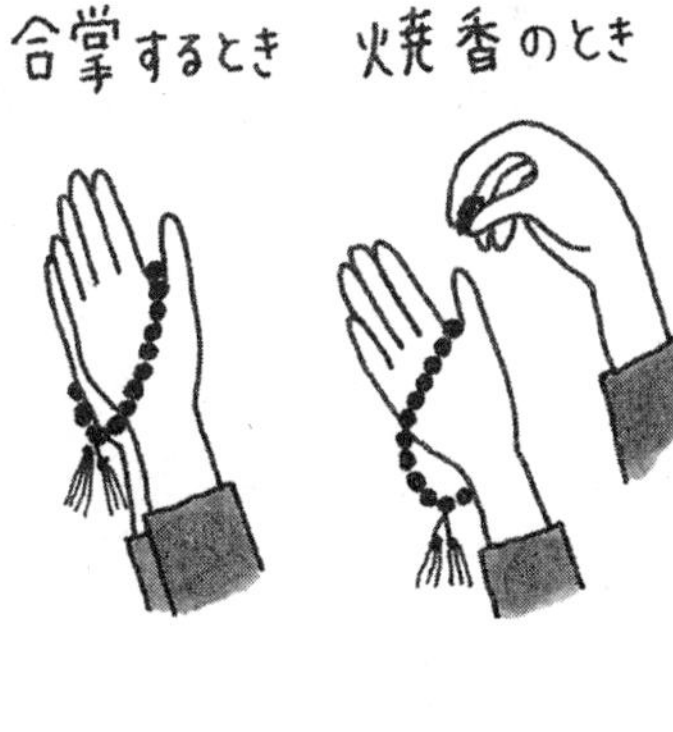


**数珠の扱い方**

合掌するときには、両手にかけます。それ以外のときには、左手で持ちます。いずれも、房が下にくるように。

# お弔い作法

仏式・キリスト教式・神式の代表的なお弔いの作法をご紹介します

## 仏式

### 壱

**仏式・抹香焼香①**
**抹香を手に取る**

ご遺族、僧侶、遺影に一礼。右手の３本の指で香をつまみ、頭を下げて目の高さまでおしいただきます。

### 弐

**仏式・抹香焼香②**
**抹香を落とし一礼**

香を静かに香炉に落とします。１回～３回行った後、遺影に向かって合掌。その後、数歩下がって、ご遺族と僧侶に一礼します。

壱

**仏式・回し焼香①**
**抹香焼香を行う**

香炉が回ってきたら、正面に。次の人に「お先に」と軽く会釈して、合掌します。それから抹香焼香と同じ方法で、焼香を。

弐

**仏式・回し焼香②**
**香炉を回す**

焼香が終わったら、遺影に向かって合掌します。香炉の盆は両手で隣の方に回します。

壱

**仏式・線香焼香①**
**線香に火をつけ、消す**

ご遺族・僧侶に一礼し、遺影に合掌。右手で線香を1本とって、ろうそくで火をつけ、左手で仰いで炎を消します。息で吹き消さないこと。

弐

**仏式・線香焼香②**
**線香を立てる**

ほかの線香にくっつかないように間をとり、奥に静かに立てた後、合掌。ご遺族・僧侶に一礼して退席します。

# キリスト教式

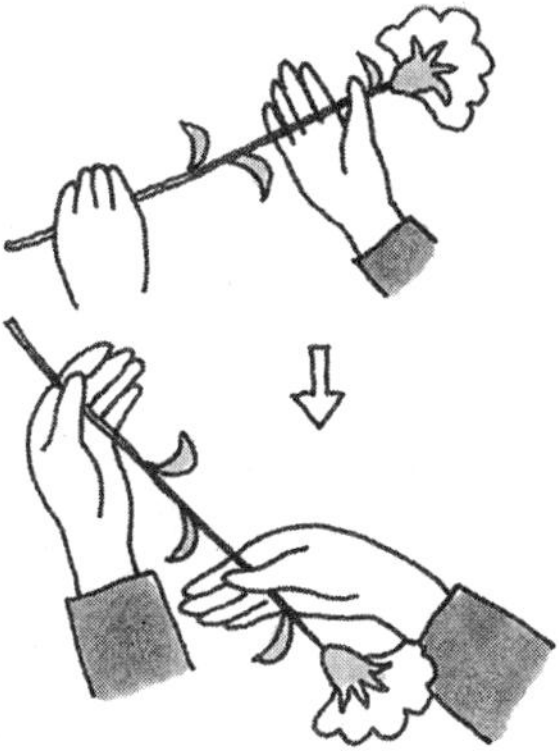

壱

### キリスト教式・献花①
### 花を手に取り回す

順番がきたら祭壇に向かって一礼。花が右側にくるよう両手で受け取り、もう一度祭壇に一礼。根元が祭壇に向くように時計回りに回します。

弐

### キリスト教式・献花②
### 献花台に花を置く

左手の甲を下にして、右手を下から花に添えて献花台に置きます。軽く頭を下げて黙祷、深く一礼した後、数歩下がってご遺族や神父（または牧師）に一礼します。

# 神式

壱

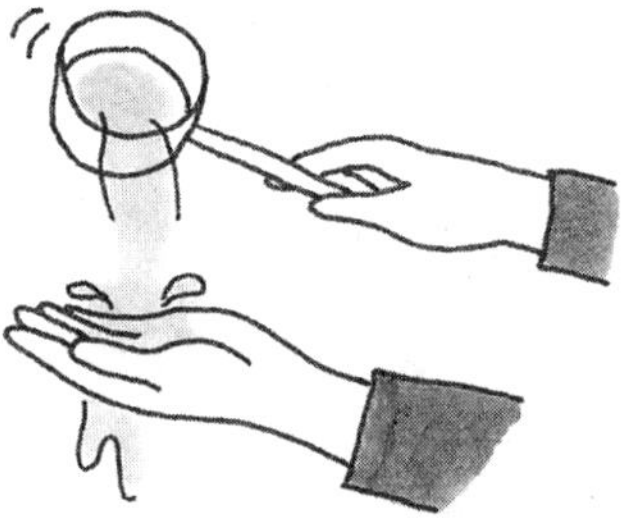

**神式・手水の儀①**
**手をきよめる**

神道では、儀式の前に「手水（てみず）の儀」を行います。右手にひしゃくを持って、水を汲み、まず左手を、持ち替えて右手を洗います。

弐

**神式・手水の儀②**
**口をきよめる**

再度持ち替えて、左手に水を受け、口を軽くすすぎます。最後にひしゃくを立てて、残った水を柄に流します。

壱

**神式・玉串奉奠①**
**玉串をおしいただく**

神官から渡されたとおりの向きで、右手で根元をつかみ、左手は下に添えるように。玉串を置く台まで進み、目の高さにおしいただきます。

弐

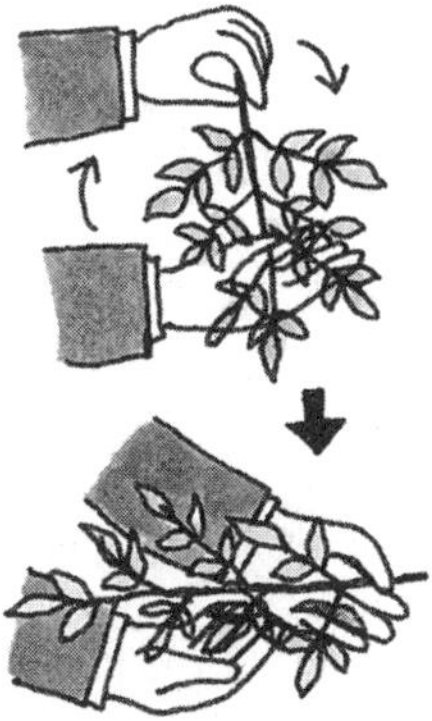

**神式・玉串奉奠②**
**玉串を回して台へ**

時計回りに根元を回し、根元が左にきたら、左手に持ち替えます。さらに時計回りで根元を向こう側に回した状態で台へ。二礼二拍手（音はたてない偲び手）一礼。三歩退いて、遺族と神官に一礼。

# 葬儀後から法要まで

葬儀後もお墓参りなど、引き続きお弔いの気持ちを忘れずに

## さまざまな墓参りの作法

・仏式…墓地内や墓石を掃除し、お花を活けます。墓石中央の供水に水を満たし、束のままの線香に火をつけてお供えします。墓石の上から静かにひしゃくで水をかけ、合掌。

・神式…掃除したら、花立てには榊《さかき》をお供えします。お神酒《みき》や洗い米、塩もお供えし、二礼二拍手一礼します。

・キリスト教式…掃除の後、お花をお供えします。聖歌や賛美歌を捧げる、聖書を朗読することも。

### 通夜や葬式から帰宅後お清めの塩を振りかける

自宅に人がいない場合、自分で肩越しに胸元から背中、足へと順にかけます。人がいる場合には、背中からかけてもらいましょう。

### 仏式の墓参に用意するもの

このほかに、ろうそくや故人が好きだった食べ物や飲み物などをお供えするのもよいでしょう。ただし、墓参後に飲食物は持ち帰ります。

# 贈答品を風呂敷に包む

あらたまった席で役立つ、風呂敷の扱いを覚えましょう

## 和の贈答に欠かせない風呂敷

風呂敷の歴史は大変古く、奈良から平安時代にさかのぼるといわれます。今日でも、目上の方のお宅へ伺うときのお土産、結婚や昇進のお祝いをお届けするときなど、風呂敷に包んでいくのが正式な作法なのです。

風呂敷は融通無碍《ゆうずうむげ》で、さまざまな形のものを包めます。瓶包み、スイカ包みなど、興味深い包み方もありますが、まずは一番多い、四角い箱のものを包むときの代表的な方法を覚えましょう。

## 「お使い包み」と「隠し包み」をマスターしよう

「お使い包み」は、菓子折りなど、一般的な贈答のときに用いられます。もうひとつは、結婚のお祝い事などに最適な「隠し包み」。結び目をわざと隠すエレガントな包み方です。

いずれも包むときは、「縦結び」にならないようにすること。ほどけやすくなるだけではなく、縁起が悪いとされています。

また風呂敷は、「品物の最長辺の3倍程度の対角線」の大きさを目安に選ぶと、包みやすいでしょう。

紙袋、風呂敷、袱紗などは、外からのチリやホコリから贈り物を守るためのもの。必ずとってから、品物だけお渡しします。

特に袱紗や風呂敷は、そのままお渡しすると「お返しを期待しています」というニュアンスを含んでしまいます。

# 「お使い包み」と「隠し包み」

基本の2種を覚えると便利です

## 壱

**お使い包み①**
**上下に風呂敷を重ねる**

風呂敷の紋や模様が上になるよう位置し、裏返します。その中央に品物を置き、まず手前、つぎに向こう側をかぶせます。

## 弐

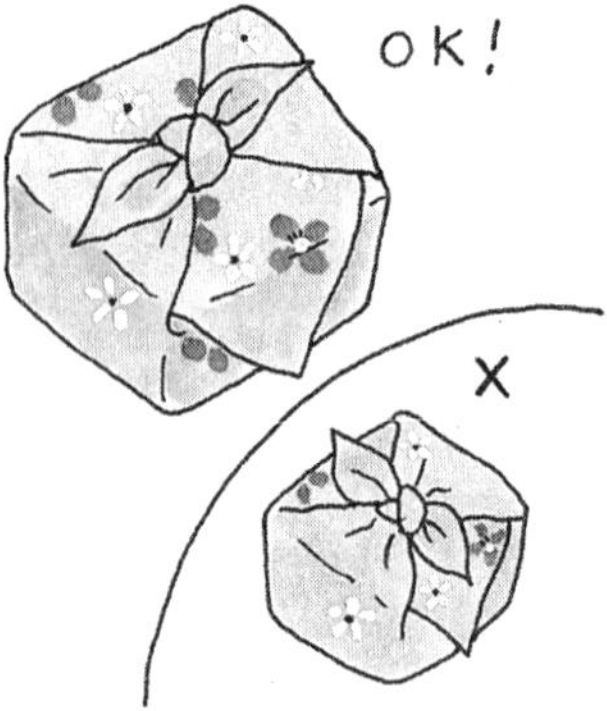


**お使い包み②**
**左右の端を結ぶ**

左右の端を中央に向かって持ち上げ、真ん中で2回結びます。縦結びにならないように注意しましょう。

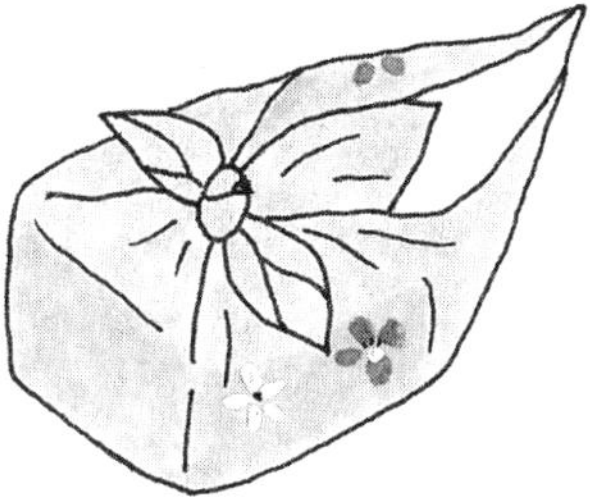

**壱**

**隠し包み①**
**左右の結び目を下に**
**下の布を通す**

左右の端を中央で、２回結びます。このとき縦結びにならないよう要注意。その結び目の下に、下側の布をくぐらせます。

**弐**

**隠し包み②**
**上側の布をかぶせる**

もう一方の布を、上にかぶせるように乗せます。乗せたほうを押さえて持つと、包みが崩れません。

# 玄関で贈答品を渡す

お宅に上がらず、玄関先で贈答品をお渡しする所作

## 相手と同じ目線の位置で、心を込めて

「ありがとうございました」「おめでとうございます」「いつもお世話になっております」……美しい作法でお届けしましょう。

訪問先の方が、玄関の上がり口に正座なさっている場合には、自分も中腰となって同じ目線になります。「本日はお玄関先で失礼いたします」と一言断り、品物をお渡しします。

また、家に上がらせていただくときも、生もの、鉢植えなどは部屋に持ち込まず、玄関先でお渡しするのが作法です。

壱

### まずは中腰に

中腰になり、まず軽く挨拶します。その後、風呂敷をほどき、軽くたたんで自分のほうに置きます。

弐

### 正面を向けてお渡しする

右手で右上、左手で左下を持ち、相手のほうに正面になるように品物を時計回りで回し、両手で差し出します。

# 和室での贈答作法

まずは下座に。最初に品物をお渡ししてから席に着くのが礼儀です

## 贈答品を持って訪問し、和室に案内されたとき

きっと相手の方は、「どうぞ」と入り口から遠い席、床の間があるのならそちらのほうに座るよう、勧められるでしょう。しかし、まず下座（入り口近く）や部屋の隅に座ります。客としてもてなしを受ける前に、贈答品をお渡しするのが客の礼だからです。

## お品物をお渡ししてから上座へ

お祝いで伺ったのなら、「このたびは誠におめでとうございます」

などの挨拶のあと、座礼（106ページ）をします。

次に品物をお渡しするわけですが、ここで一言。「とてもよい地酒が手に入りましたので、召し上がっていただこうと思いまして」「新築のお宅にぴったりの、すてきな時計を見つけましたので、お祝いにお持ちしました」。

こんなふうに、「どうしてこの品物を贈りたいのか」を明確に口にしてお渡しすると、相手への思いやりがストレートに伝わります。その上で「お口に合うとよろしいのですが」「気にいっていただけるとうれしいのですが」など、言い添えましょう。

品物をお渡ししたら、今度は勧められるまま上座につきます。座布団はこのとき初めてあてますが、最初は正座で。訪問先の方に「どうぞお楽に」と勧められたなら、足をくずしても大丈夫です。

# 和室での贈答作法

和室で正座したところから、贈答品をお渡しする方法を伝授します

壱

**下座に正座しご挨拶**

和室に通されたら、まず下座でご挨拶を。正座して両手をつき、頭を下げます。立ったままのご挨拶は、洋室のみで。

弐

**風呂敷をほどく**

自分の体の斜め前、入り口のほうに品物を置きます。そこで、風呂敷の包みを解きましょう。

参

**品物を置き
風呂敷をたたむ**

品物は、風呂敷と逆の位置にいったん置きます。そしてほどいた風呂敷を手早くたたみます。

四

**相手の正面を向けて
お渡しする**

品物は自分の正面に向けた後、右手で右上、左手で左下を持ち、時計回りで相手に向きなおします。お品物は必ず、両手でお渡しします。

## 壱

**紙袋に入れている場合①**
**まず紙袋から出す**

荷物は自分の横、入り口方面（下座）の側に置いておきます。ご挨拶が済んだ後、手土産を紙袋から出してお渡しします。

## 弐

**紙袋に入れている場合②**
**お品物を正面向きで渡す**

品物を相手のほうが正面になる向きでお渡しします。P.187 四 を参考に。

## 長寿祝いの名前と意味

| 数え年 | お祝い名 | 意 味 |
|---|---|---|
| 61歳 | 還暦（かんれき） | 陰陽五行説では、十二支と十支の組み合わせが60年で一巡し、元にかえるところから「還」。 |
| 70歳 | 古希（こき） | 杜甫（とほ）の詩「曲江詩（きょっこうし）」中の「人生七十古来稀」の句から。 |
| 77歳 | 喜寿（きじゅ） | 「喜」の字の草体の「㐂」が「七十七」に見えることから。 |
| 80歳 | 傘寿（さんじゅ） | 「傘」の略字の「仐」が「八十」に似ていることから |
| 88歳 | 米寿（べいじゅ） | 「八十八」を組み合わせると、「米」という字になることから。 |
| 90歳 | 卒寿（そつじゅ） | 「卒」の略字の「卆」が「九十」という字で構成されていることから。 |
| 99歳 | 白寿（はくじゅ） | 「百」の字から「一」を取り除くと「白」になることから。 |
| 100歳 | 百寿（ももじゅ） | 文字通り、「百歳」の「百」。 |
| 108歳 | 茶寿（ちゃじゅ） | 「茶」の字が「廿（草冠の部分・二十）」と「八十八」に分解できるところから。 |
| 111歳 | 皇寿（こうじゅ） | 「皇」の字は「白（一を加えると百になるので九十九）」と「王（十と二）」を合わせたものということから。 |
| 120歳 | 昔寿（せきじゅ） | 「昔」の字が、「廿（=二十）」+「百」から構成されることから。 |

本書は、『大人のマナー和の作法便利帳』（2004年／青春出版社）を再構成し、改題のうえ、文庫化したものです。